東京のナゾ研究所

河尻 定

日経プレミアシリーズ

まえがき

五輪が間近に迫り、東京ではあちこちで槌音《つちおと》が響いている。「東京大改造」「東京を造り直す」など、新聞や雑誌には勇ましい言葉が並ぶ。

東京はこれまで、幾度も大きな変革期を迎えてきた。徳川家康の登場、明治維新、関東大震災、太平洋戦争、東京五輪、そして1980年代のバブル経済――。2度目の東京五輪も、歴史の1ページを飾るだろう。破壊と創造は、この街の宿命なのかもしれない。

五輪の舞台となる湾岸地区は、明治以降に生まれた埋め立て地だ。「東京のフロンティア」として様々なビッグプロジェクトが企画され、悲喜こもごものドラマを生んできた。

NHK大河ドラマ「いだてん」に登場する1940年の「幻の東京五輪」もそのひとつ。アジア初の五輪として正式に開催が決まっていたが、日中戦争の勃発で国際的な批判が高まったこと、鋼材不足で競技場建設ができなくなったことにより開催権を返上した。

実は同時期に、「アジア初の万博」となる万国博覧会も開催が決まっていた。当時はむしろこちらの方が大きなプロジェクトだった。晴海に日本館、豊洲に外国館を配置する計画で、テーマソングも作られた。藤山一郎らが歌ったという。懸賞付き入場券は100万枚発売され、開催延期後も抽選が行われた。この入場券は後の大阪万博、愛知万博でも使われたというから驚きだ。

東京という都市は、埋め立て地を活用することで発展してきた。江戸時代に日比谷入り江を埋め立てて丸の内や八重洲が生まれ、日本橋や新橋、品川とその領域を広げてきた。2018年に魚市場の移転で話題となった豊洲が埋め立て地というのは知られているが、移転前の築地も実は埋め立て地だ。そもそも築地という言葉は「地を築く」から来ており、名前そのものが埋め立て地を意味しているのだ。

埋め立て地を活用するという発想は、戦後になってさらに大きな構想へとつながっていく。1950年代に、東京湾を大規模に埋め立てる計画が本気で立てられていた。東京湾の3分の2を埋め立てて、第2の東京を造るという何とも桁外れのプランだった。千葉の山を核爆発で崩し、その土で東京湾を埋めるというアイデアまで飛び出した。実現には至らなかったが、東京湾を横断する道路「東京湾アクアライン」はこの構想の〝痕跡〟でもある。

本書は日経電子版で2011年4月から連載している「東京ふしぎ探検隊」を大幅に加筆修正し、一部書き下ろしを加えた。連載では街を歩いて気づいた数々の「ふしぎ」に焦点を当て、東京の街の成り立ちや歴史について書いてきた。

東京駅の玄関口、丸の内に「ビルヂング」という名のビルが多いのはなぜか。そしてその名称が次々と「ビルディング」に変わっているのはなぜなのか。そこには単なる近代化にとどまらないドラマが潜んでいた。

東京の地下空間にも「ふしぎ」がたくさん詰まっている。東京の地下街と大阪の地下街の違いは何か。日本一広い地下街はどこか。東京でいちばん深い場所はどこか――。

過去の痕跡をたどり、歴史を振り返ってみると、様々な東京のかたちが見えてくる。何かと話題の靖国神社は昔、競馬場だった。上野公園や目黒などにも競馬場があった。「目黒記念」はその名残だ。明治期に競馬場が相次ぎ登場した理由を探っていくと、西洋列強に追いつこうともがいた当時の日本の姿が見えてくる。

破壊と創造を繰り返してきた大都市、東京。街が再生する過程で、失われるものがある。

時代に取り残されたものだったり、効率化の犠牲だったり。歴史の時間軸に身を置くと、「なぜ」と疑問を抱くものも多い。

「東京ふしぎ探検隊」ではこうした「失われたもの」に着目し、歴史の痕跡を探し歩いてきた。私たちが今いる場所にも、様々な歴史が折り重なっている。立ち止まって考えれば、いつもと違った風景が見えてくる。

2019年6月

日本経済新聞社　河尻　定

もくじ

第2章 東京の地下天国 47

第4章 なぜ「ビルヂング」が消えるのか

日本最初のサンタクロースは殿様姿だった
慶応と解体新書も築地から
1600カ所以上！　日本人は発祥の地がお好き

第1章

夢と野望の東京湾岸100年

東京湾を埋め立てろ
――戦後ニッポン、カリスマがみた夢

2020年東京五輪・パラリンピックの舞台となる湾岸地区。かつて、この地に夢を描いた人々がいた。日本を代表するカリスマ実業家。世界にとどろく近代日本建築の巨匠。実現していたら東京、いや日本の姿をも大きく変えたであろう壮大な計画とは、どんな中身だったのか。

東京湾の3分の2を埋め立てる「ネオ・トウキョウ・プラン」

交通の混乱、通勤の労苦、住宅の不足が東京都民を苦しめている――。

1959年（昭和34年）7月29日。産業計画会議が発表した「勧告」には、都民の悲痛な叫びがつづられていた。

タイトルは「東京湾2億坪埋立についての勧告」。その名の通り、東京湾を大規模に埋め

立てよう、という提言だ。

それはこんな計画だった。まずは東京湾の陸地に近い部分を逆U字型に埋め立てる。埋立地の多くは工業用地として活用し、一部は住宅地にする。次に東京湾のど真ん中をしゃもじのような形に埋め立て、空港を配置。川崎と木更津、横須賀と富津を結ぶ高速道路と鉄道を建設し、東京湾全体を「8の字」で覆う交通網を整備する。完成すれば、東京湾の3分の2を埋め立てることになる。その規模約2億坪、つまり約660㎢と、東京23区がすっぽり入る広さだ。勧告では計画のことを「ネオ・トウキョウ・プラン」と呼んだ。

ネオ・トウキョウ？　どこかで聞いたことがある響きだ。ネオ・トウキョウと聞いて思い浮かぶのはやはり「AKIRA」。大友克洋氏の漫画で、1988年（昭和63年）に大ヒットしたアニメ映画として覚えている人もいるだろう。舞台となったのがそう、「ネオ東京」だったのだ。

この「AKIRA」、いま振り返ると面白い。現実を予言したかのような舞台設定なのだ。時は2019年。東京湾上に生まれた新首都「ネオ東京」で、反政府ゲリラと軍が暗闘を繰り広げていた。2020年に東京での五輪開催を控え、旧市街、つまりかつての東京では再開発が進んでいた――。作者によるとまったくの偶然だが、あまりの符合は恐ろしいほどだ。

本題に戻ろう。本家本元のネオ・トウキョウ・プランでは、逆U字型に埋め立てる前期にかかる費用が1兆2000億円、中心部分を埋め立てて空港などを整備する後期が2兆6000億円とはじく。前期計画は15年を目標にするという。

これだけの海域をどうやって埋め立てるのか。計画では前期は主に海底を掘削した土を使い、後期は山から掘り出した土を使う。土地造成のコストは前期が1㎡3000円（1坪1万円）、後期が同1万2000円（同4万円）と試算した。

勧告は詳細な資料を添付しており、緻密に練られたプランであることがわかる。埋め立てに必要な土の量、ガスや水道、電気などインフラ整備の進め方、細かい街区ごとの工事費、鉄道や道路の整備計画、地域ごとの漁業補償の金額……。ただアイデアとして提唱するのではなく、実現を前提とした提言だった。勧告は最後にこう記す。

この東京湾埋立は約4兆円の投資を要する大計画であるが、決して「夢物語」ではない。平和国家「日本」の発展のために必要であり、実行できることなのである。この東京湾埋立を実施しなければ、日本経済の成長に伴う産業の拡大も貿易の伸展もできない。「のび行く日本」のためどうしても必要な計画なのである。20世紀後半、日本人が後世に残すべき大事業である――。

勧告を発表した産業計画会議とは、いったいどんな集団なのか。調べてみると、メン

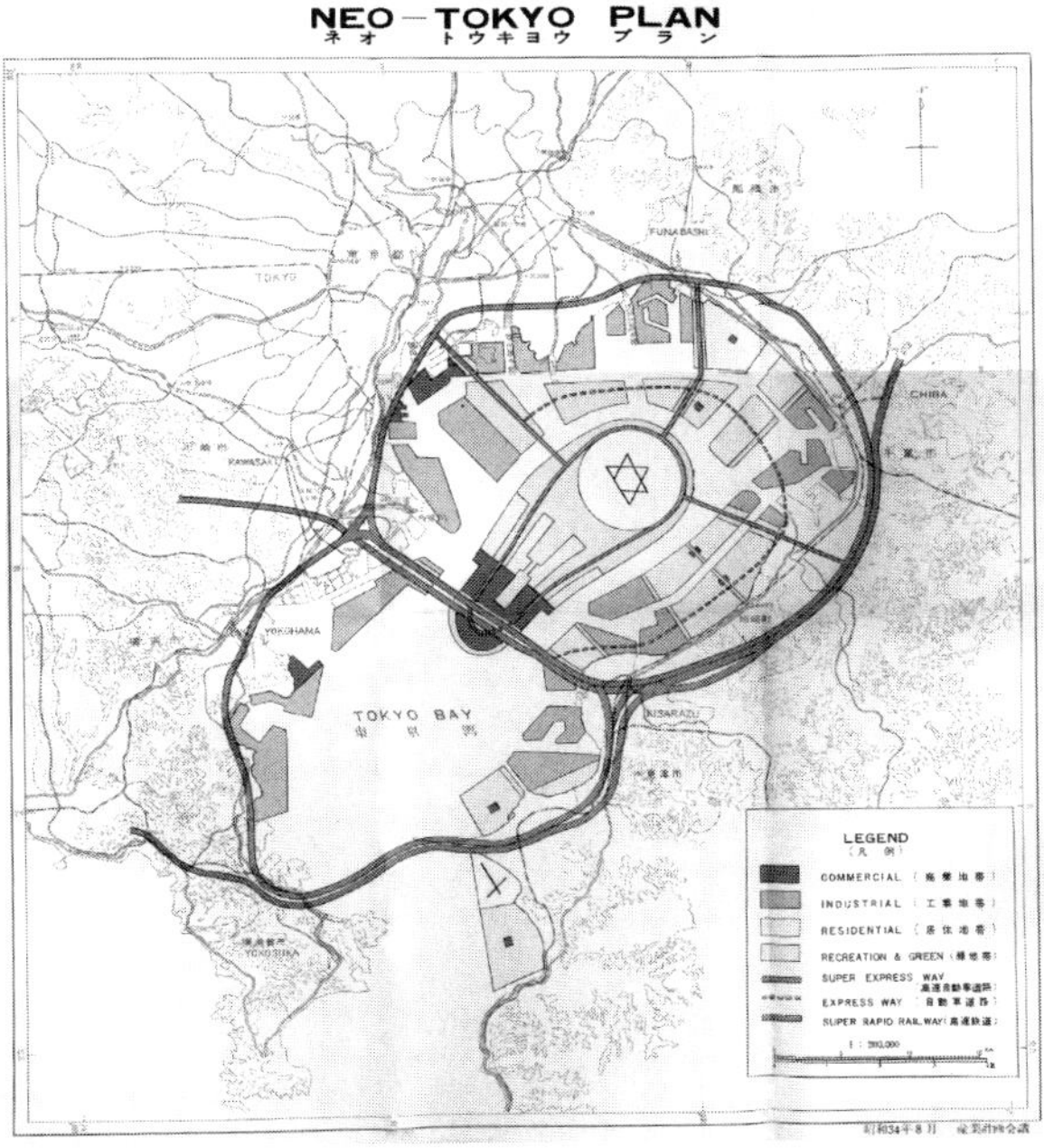

産業計画会議第7次勧告「ネオ・トウキョウ・プラン」の計画図面
（資料提供：一般財団法人電力中央研究所）

バーには大物の名前がずらりと並んでいた。

電力王が主宰した事実上の政府諮問機関

産業計画会議は、当時の財界の重鎮である松永安左エ門氏が主宰した私設シンクタンクだ。松永氏は東京電力など9社の電力会社を創設し、「電力の鬼」「電力王」と呼ばれた人物で、現在の電力中央研究所の創設者でもある。

会議のメンバーには政財界の大物が名を連ねた。旧日産コンツェルンの創立者、鮎川義介。後の首相、池田勇人。「影の財界総理」、小林中・日本開発銀行初代総裁。小林氏と並んで「財界四天王」といわれた永野重雄・富士製鉄社長。国鉄総裁で新幹線の父とも呼ばれた十河信二……。白州次郎も参加していた。他にも名だたる企業の社長がこぞって加わり、政治家やそのブレーン、学者もいた。事実上の政府の諮問機関とも称されていた。

産業計画会議の勧告は、東京湾埋め立てで7回目となる。それまでに北海道の開発（1957年1月）、高速道路の整備（1958年3月）、国鉄の分割民営化（1958年7月）、原油輸入の自由化（1958年10月）など矢継ぎ早に大胆な勧告を行ってきた。

この会議のすごさは、勧告のほとんどが実現したことから見て取れる。東名高速道路は勧告を受けて整備された。石炭から石油への燃料転換も勧告が後押しした。国鉄民営化は政府が抵抗したため実現しなかったが、その後の歴史を思えば慧眼だ。しかも会議メンバーに現役の国鉄総裁など幹部が名を連ねているなかでの勧告というから恐れ入る。

東京湾埋め立てという「第7次勧告」は、そんな一連の流れを受けてのものであり、「荒唐無稽」と片づけるほど軽いものではなかったのだ。

千葉・鋸山を〝核爆発〟で崩せ！

この「ネオ・トウキョウ・プラン」を中心となってまとめあげた人物がいる。加納久朗《ひさあきら》氏。日本住宅公団（現・都市再生機構）初代総裁だ。

加納氏は1958年に住宅公団総裁の名で「東京湾埋立による新東京建設提案」という論文を発表し、産業計画会議に先立って開発を提唱した。東京湾埋め立ては持論でもあった。彼自身の構想は「ネオ・トウキョウ・プラン」よりさらに過激だった。1959年8月発行の著書『新しい首都建設』（時事通信社）に詳しく描いてあるので見ていこう。

加納氏の計画はある意味で単純だ。東京の晴海埠頭から千葉の富津岬まで一直線に線を引き、そこから千葉県側をすべて埋め立てろ、というのだ。晴海から羽田までは東京側も埋め立てる。これで2億5250万坪、約834km²の土地が新たに生まれるという。実に東京23区の1・3倍だ。こうして生まれた新首都を、加納氏は「ヤマト」と呼んだ。

加納久朗氏の「ヤマト計画」

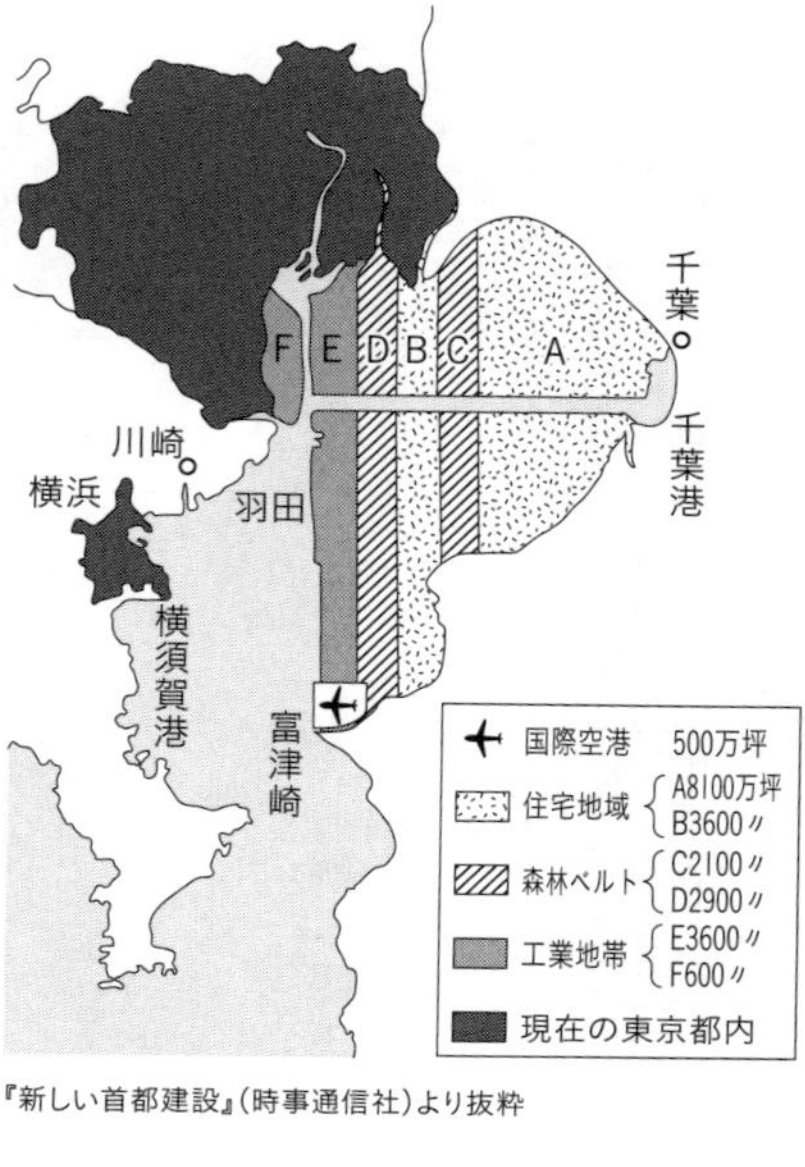

『新しい首都建設』(時事通信社)より抜粋

　これほどの規模の埋め立てをどうやって実現させるというのか。加納氏はその疑問にも答えている。その答えもまた、ある意味単純だ。「房総の山を崩せ」というのだ。

　崩すといってもどうやって？　加納氏は何と「核爆発の応用」を提唱する。鋸山の地下で核爆発を起こして山全体を緩ませれば、容易に岩石を削り取れる、という。この手法は当時米国で検討されていたといい、コスト削減にもなると記す。気になる放射能は「地下爆発の場合、すべて岩と土砂が吸収してしまうから、人体への害にはならない」と主張する。

ちなみに鋸山は現在、人気の観光スポットだ。崖から突き出た「地獄のぞき」は迫力満点で、訪れたときは行列ができていた。日本一の大仏もある。外国人観光客のひそかな人気スポットにもなっている。

「ヤマト」計画や「ネオ・トウキョウ・プラン」は大きな反響を呼んだ。朝日新聞は

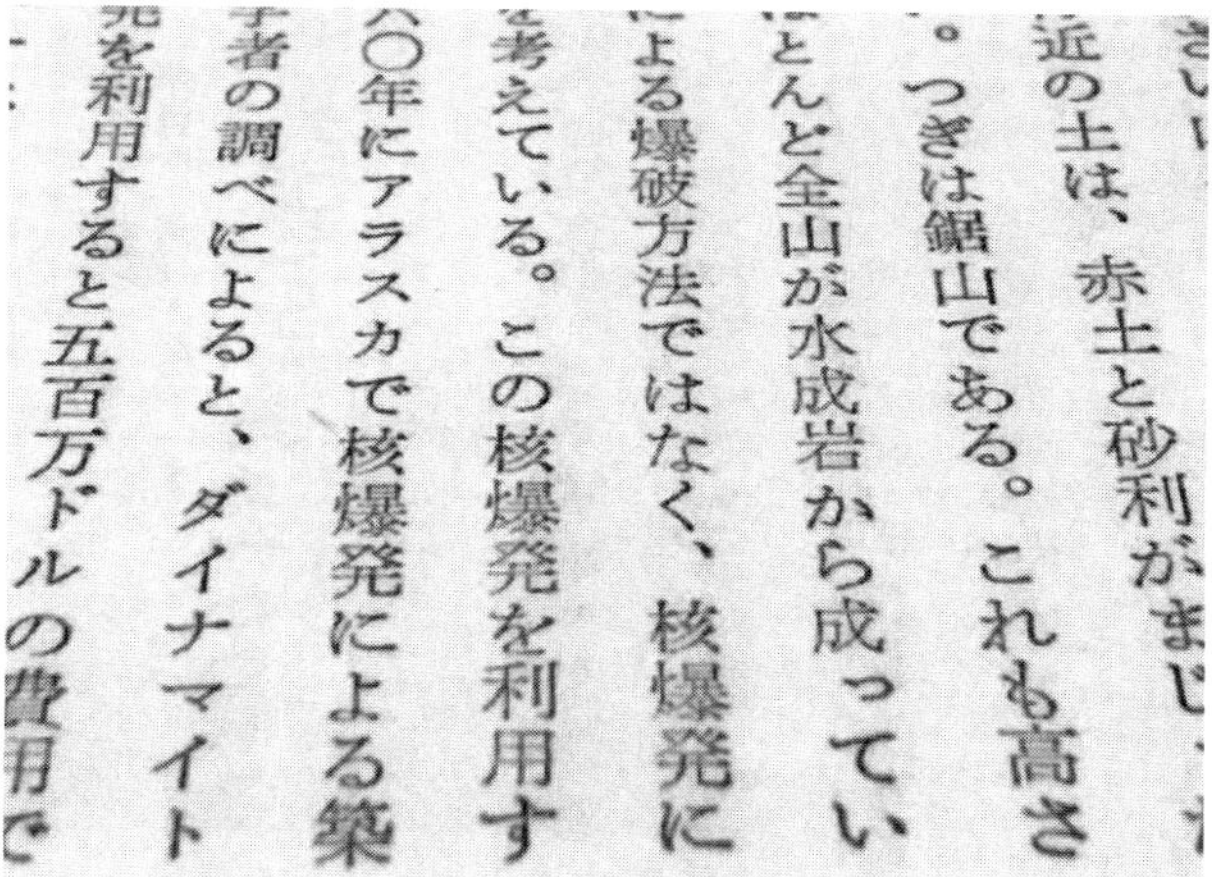

加納氏は著書で「核爆発の応用」を提唱した

核爆発に拒否反応を示し、東京への人口集中にも懸念を表明した。日本経済新聞も「なんでもかでも東京でなければうまくいかないという頭を切り替えて、地方都市に人口を落ち着かせる国土計画のようなものが必要である」と論評した。

一方で賛成論もあった。毎日新聞はネオ・トウキョウ・プランについて「もし立派に成功したら、日本の政治、経済、科学技術の水準を示すものとして、これこそ我々の誇りとなることはまちがいない」と指摘。東京新聞も「真剣に検討する要があろう」と書いた。

現在の鋸山。「地獄のぞき」と呼ばれる断崖は観光客に人気のスポット

当時の状況が分かるのが英タイムズ紙だ。東京支局長の名で「『東京』をきれいに一掃しよう――東京湾上に新しい首都を」と題した記事を掲載し、その中で当時の東京をこう表現

した。

「東京という大都市は、大きくなりすぎた村落または村落の集団が1世紀前に首都の仲間にのし上がっただけのものにすぎず、そこにあるものは幾万という交通輸送がひしめき合う狭くて屈曲した街路、汚らしい河川や掘割、すし詰めの電車、不足がちな上水道、そして不完全きわまる下水なのである」

ずいぶん上から目線の物言いだがそれはさておき。タイムズ紙は一連の構想に、はっきりとではないものの、賛意をにじませる。大気汚染や水質汚濁、交通戦争に通勤地獄——。当時の東京は、それほど追い込まれていたのだ。

加納氏の構想はもとより、緻密に練り上げた「ネオ・トウキョウ・プラン」も結局、実現しなかった。やはりというべきか、膨大な費用がネックとなった。産業計画会議はその後、専売制度の廃止（1960年）、東京湾横断の防潮堤（1961年）などを提唱した。専売制度の廃止は25年後に実現した。防潮堤は東京湾を横断する道路に姿を変え、36年後に完成した。それが東京湾アクアラインだ。

ちなみに、加納氏は1962年に千葉県知事に就任し、持論の開発推進を掲げたが、翌年に死去した。加納氏の妹は麻生太郎氏の祖母、孫は橋本龍太郎氏の妻となった。

ところで先にネオ・トウキョウといえば「ＡＫＩＲＡ」と書いたが、別のフィクションにも似た話がある。１９８８年から漫画とアニメが始まった「機動警察パトレイバー」だ。舞台は掲載時の10年後の１９９８年。東京湾に横断道路を兼ねた巨大な堤防を築き、東京湾を干拓するという「バビロンプロジェクト」は、まさに一連の構想と重なる。

しかも作中では１９９５年に首都圏が巨大な直下型地震に見舞われ、埋め立て事業はそのがれき処理をも兼ねている、

東京湾アクアラインは産業計画会議の勧告に含まれていた
（NEXCO東日本提供）

と語られる。1995年といえば、阪神淡路大震災という直下型地震があった。これまた、フィクションと現実の不気味なリンクだ。

丹下健三氏は海上都市を構想　浦安に空港?

東京湾に夢を描いたのは政財界だけではない。建築家の中にも壮大な夢を見た人物がいた。丹下健三氏、東京都庁舎や広島の平和記念公園、フジテレビ本社ビルなどを手がけた巨匠だ。

計画の名は「東京計画1960」。東京・晴海と千葉・木更津を道路で結び、その周辺に海上都市を造る構想だ。丹下氏を中心に、東京大学の丹下研究室でまとめられた。

構想を貫くのは東京湾を横断する真っすぐな線だ。晴海から木更津に向かって一直線に延び、丹下氏はこれを「都市軸」と呼んだ。

都市軸にそって「サイクル・トランスポーテーションシステム」という3層からなる道路が展開されていく。上層部は時速120㎞、中層部は90㎞、下層部は60㎞と制限速度が異なり、それぞれ10車線が螺旋状に連なる構造だった。

東京寄りの海上には「新東京駅」を建設し、浦安近辺には新空港を造る。実現していたら東京ディズニーランドは別の場所にできていたわけだ。

千葉寄りのエリアにはオフィスや中央官庁、住居などを配置する。海上都市には500万～600万人が過ごすと想定した。

なぜ東京湾だったのか。丹下氏は『建築と都市』（世界文化社）でこう記す。

「地上権のないこの海上では、土地から解放された新しい都市のありかたが、生まれてくるだろうという別の期待もある」

当時、丹下研究室で黒川紀章氏らとともにプロジェクトに関わった建築家の磯崎新氏は『Future Vision の系譜』（鹿島出版会）でこう語る。

東京計画1960の全体図
（丹下都市建築設計提供、川澄明男氏撮影）

「それまで東京が発展する場所として東京湾を考えていた人たちというのは、都市計画は土地を前提にしてつくるものと思っていた」

その上で磯崎氏は「都市は土地ではない」と指摘する。土地からの解放を願った丹下氏や磯崎氏ではあったが、歴史は土地バブルというまったく違う方向へと突き進んでいく。丹下氏の構想から四半世紀。東京湾の開発計画は、バブル期にピークを迎える。その担い手の一人は、丹下氏の弟子、黒川氏だった。

百花繚乱、バブル期の東京湾再開発計画

東京湾に人工島を造り、新首都とする――。1987年（昭和62年）5月5日。建築家、黒川紀章氏を中心とした「グループ2025」は、「東京改造計画の緊急提言――2025年の国土と東京」を発表した。

黒川紀章氏「ヘドロで人工島建設、首都機能を移転」

埋め立てで生まれる新島は3万ha（300㎢）ほど。500万人の居住を見込む。国会議事堂、中央官庁、大使館や地方の出先機関など首都機能を集約し、ホテルや会議場、リゾート施設もつくる。外房に新たな港を建設してそこから市原市周辺にかけてトンネルを掘り、物流の大動脈とする構想だ。

人工島を埋め立てる土は、東京湾に沈むヘドロを使う。湾を浚渫し、ヘドロをコンクリー

トで固めるという。ヘドロを使うことで東京湾の環境改善にも役立つと主張する。

　実はこのヘドロ島構想、この時期まさに百花繚乱ともいうべき状態だった。同様の構想が乱立していたのだ。

「グループ2025」の発表に先立つ4月6日、通産省（当時）と大手企業が1万haの人工島を造る「東京湾コスモポリス構想」をまとめた。新日本製鉄（当時）や鹿島建設などが参加していた。

　8月には機械や建設大手119社で組織するグループが4000haの人工島構想を発表した。大日本土木の「東京アイランド」計画も2700haの人工島をもくろむ。

　乱立する構想に対して当事者の東京都はというと、「コメントする範囲を

黒川紀章氏らが提唱した構想図。東京湾に人工島を造る計画だった

井上正良「東京湾新首都新島計画」より抜粋

超えている」とコメント（1987年8月11日付日本経済新聞）。87年は異常なほど開発構想が盛り上がった年だった。これぞまさしく開発バブル。

東京湾上に高さ4000mのビル、富士山の形に

当時は人工島以外にも、海を舞台とした壮大な構想があった。なかでも特にユニークな構想をいくつか紹介しよう。

まずは天を目指すプロジェクト。大林組の「エアロポリス2001」だ。この構想は同社や清水建設、間組（現・安藤ハザマ）などで結成した「新世紀プロジェクト開発研究会」がまとめた『建設業の21世紀巨大プロジェクト』（日本能率協会、1991）に詳しい。同書を基に、見ていこう。

プラン名でもある「2001」。映画「2001年宇宙の旅」のようにてっきり「2001年までに」という意味の年号かと考えていたが、さにあらず。高さを指しているのだ。浦安沖10㎞の海上に、2001mの超々高層ビルを建設する、という構想なのである。

ビルは正三角形で、1辺が100mある。高さ80mごとに吹き抜けをつくり、ゾーンごと

に居住地、ショッピング、庭園、オフィスなど区分けする。最上階まではエレベーターで15分程度かかるという。ビル内の就業人口は30万人、住民は14万人を見込む。海上には交通網もつくる計画だ。

現在、世界一のビルはドバイのハリファビルで、高さは828mだ。今後、1000m級のビルは計画されているが、その2倍の2000mともなると、計画すらない。

総工費は約46兆円と途方もない金額だが、建設にかかる費用などを含め、完成までの経済波及効果は98兆2000億円とそろばんをはじく。なんだ結局建設会社が儲かるだけじゃないか、と思えなくもないが、バブル期らしい突き抜けたプランだ。

高さなら大成建設が1990年（平成2年）に発表した「X-SEED4000」もある。800階建て、高さ4000mのハイパービルを建てるという構想だ。2000mで驚いていたのに、さらにその倍とは……。

構想では上の階ほど細くなり、ちょうど富士山のような形となる。直径6500mで、160万人が生活する未来都市だ。ここまでくるともはやSFだ。

場所は東京湾ではないが、さらに高いビルとして「東京バベルタワー」という構想もあった。こちらは早稲田大学の尾島俊雄教授らが1992年に発表したプランで、高さは何と1万m。山手線の内側すべてを覆う面積で、3000万人が暮らすという。これまで東京に構想されたビルの中で最も高いらしい。1万mというとエベレストより高いわけで、気圧は低く、空気は薄い。技術的な可能性を探るにしても、あまりに現実離れしすぎている。

太平洋のど真ん中、壁に囲まれた海上都市構想も

清水建設の「マリネーション構想」も突き抜けている。こちらの舞台は東京湾ではなく、太平洋だ。水深100m程度の公海上に、直径30km、外周100km、高さ130mほどの円形ダムを設置し、水を遮断して都市を造る、というすさまじい構想なのだ。直径30kmというと、東京23区に匹敵する広さとなる。

太平洋のど真ん中に、壁に囲まれた都市を造る――。漫画「進撃の巨人」ではないが、壁が崩れたら一巻の終わり。だがそこはそれ、さすがに安全性については何重にも考えられている。万が一にも決壊した場合の避難計画まで練られているからあっぱれだ。

壁に囲まれた心理的不安については「従来から、海水面より下で生活することはわが国で

も経験している」と指摘する。130mという高さについては「25階程度の高層ビルを眺めることを想像すれば、実感が湧くものと思われる」と記す。要は「すぐ慣れる」ということだろうか。

当然ながら、これほどの規模となると整備にいくらかかるのか、想像もつかない。計画ではダム建設に100兆円、インフラ整備に50兆円とざっと計算する。そして「最近の土地の高騰を思うと格安である」とまで記す。ただし資金調達については「一国の予算のみで賄えるものではない」と指摘した上でこう述べている。

「現在、国連に加盟している国は160カ国ぐらいであり、単純に言えば1カ国当たり1兆円出せば、マリネーションが建設できるわけである。また、建設に約20年かかるので、1カ国当たり1年間に500億円分担すれば、マリネーションが建設できる」

人工島の計画と違い、これらの構想は技術的な可能性を探ったものだろうが、やはりこの時代特有のユーフォリアともいうべき楽観性が漂う。これぞバブルといった感じだ。一方で、リミットを外して考えた構想には、発想の面白さがある。バブル再来はごめんだが、そうした楽観性には、見習う点があるのかもしれない。

東京都、執念の五輪誘致

東京湾岸は、東京都やその前身の東京市が開発に執念を燃やした土地だ。2020年の五輪開催はその集大成ともいえる。

戦前に五輪・万博・空港・庁舎移転を計画

湾岸地区の歴史は埋め立ての歴史でもある。振り返ってみると、本格的な埋め立ては徳川家康までさかのぼる。

東京都港湾局が編纂した『東京港史』によると、家康が江戸入りした当時の海岸線は、現在の新橋・霞が関・日比谷・田町の近辺を走り、日本橋や京橋、有楽町一帯は半島状の低湿地だった。家康は江戸に入るとほどなく、日比谷入り江の埋め立てに取りかかった。1592年のことだ。これにより丸の内や八重洲などの土地が誕生する。その後、日本橋や京橋などを埋め立て、江戸末期の品川まで続いていく。

現在の湾岸地区が形成されていくのは明治に入ってから。佃島を皮切りに、明治後期から大正にかけて月島、勝どき、芝浦が埋め立てられる。芝浦町が誕生したのが1919年（大正8年）だ。そう、2019年は湾岸地区の本格埋め立てからちょうど100年という節目の年でもある。

1923年（大正12年）の関東大震災後は、がれき処理も伴い豊洲や東雲、有明などが誕生した。

都市の過密化が埋め立て願望へとつながっていった後のバブル期と違い、この頃はまず「土地ありき」の開発だった。土地ができてから使い道を考える、という流れだったのだ。土地ができると夢が膨らんでしまうのか。1930年代前半になると、湾岸に生まれた広大な土地を活用すべく、2つのビッグプロジェクトが持ち上がった。アジア初となるオリンピックと万国博覧会（万博）だ。いずれも紀元2600年の記念事業という位置づけと、関東大震災からの復興という大義名分があった。紀元2600年とは、日本書紀に基づく日本建国から2600年という意味だ。

五輪に正式に名乗りを上げたのは1932年（昭和7年）のこと。すったもんだがあったが、1936年夏の国際オリンピック委員会（IOC）総会で、1940年（昭和15年）の五輪開催が正式に決まった。

当時の東京市は、市庁舎移転をも考えていた。1933年には有楽町から晴海への移転を市議会で議決している。東京商工会議所などが強く反対したが、翌34年には市庁舎の設計コンペを強行し、移転を進める決意を示した。湾岸でのイベント開催と同時に、自らの本拠地も移すつもりだったのだ。

徳川家康が入る前の東京湾

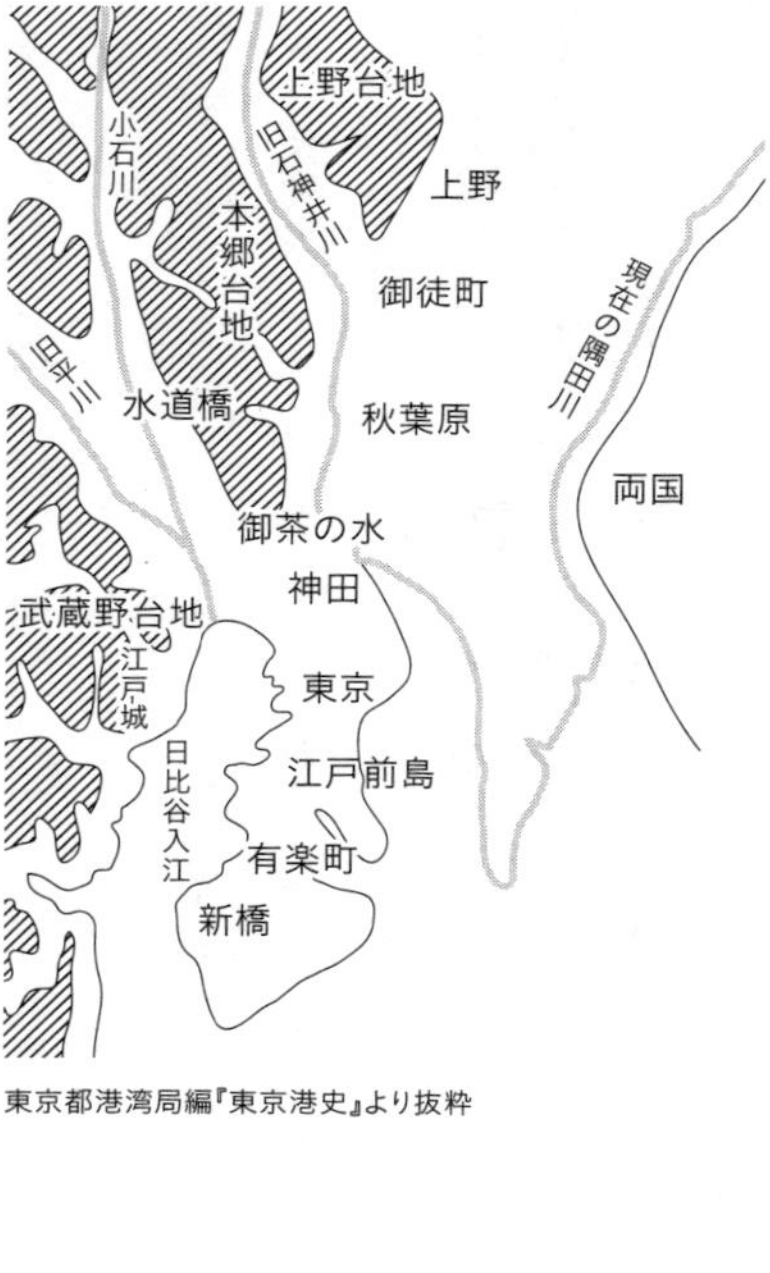

東京都港湾局編『東京港史』より抜粋

さらには夢の島に「東京市飛行場」という国際空港の建設を計画し、1938年に正式決定した。実際に整備が進められ、図面も残っている。五輪、万博、空港、そして市庁舎の移転。すべては湾岸から東京の未来を、という一念でつながっていた。

だが、事態は暗転する。日中戦争の勃発により国際的な批判が高まり、1938年7月に五輪開催権を返上してしまう。万博も延期となり、市庁舎の移転も根強い反対に遭い頓挫した。飛行場建設も途中までで止まってしまう。湾岸開発の起爆剤と期待したイベントはすべて、夢と消えたのだ。五輪と万博の誘致と挫折は前作『鉄道ふしぎ探検隊』（日経プレミアシリーズ）に詳しく書いた。1940年の「幻の東京五輪」の話は、NHK大河ドラマ「いだてん」でも描かれるはずだ。

インク・ゴールド・ジュリアナ……時代の最先端になった湾岸

一度は潰えた湾岸開発構想だったが、それでも東京都の野望はくすぶり続けた。再び湾岸地区が注目されたのは1970年代後半だ。1978年（昭和53年）から79年にかけて開かれた「宇宙科学博覧会（宇宙博）」では、ロケットや人工衛星の模型、月の石などを展示し、アポロの月面着陸の模様を360度パノラマスクリーンで映し出した。展示は大きな話題を呼び、1年間で1100万人が訪れた。

翌79年には鈴木俊一氏が東京都知事に就任し、本格的な開発構想が動き出す。「マイタウン構想」「東京テレポート構想」そして「臨海副都心構想」である。これらは鈴木氏の肝煎りで進められたといわれている。鈴木氏の知事時代はバブル経済に向かう時代背景もあって、大規模な開発構想が次々と立てられていく。

バブル期になると、湾岸は「ウォーターフロント」として時代の最先端に躍り出た。欧米で倉庫街がアート空間として利用され、「ロフト文化」と呼ばれていることが日本にも入ってきたのだ。『東京港史』はこう記す。

インクスティック芝浦ファクトリーはロフト文化の象徴的存在だった
（共同通信社提供）

「古色蒼然とした倉庫が新鮮な感覚でとらえられたのは、ウォーターフロントのもつ、ロマン性と歴史性、それに都市の表層と離れた異次元空間への興味、更には親水性のもつやすらぎといったものであったろう」

同書はロフト文化の代表格として「インクスティック芝浦ファクトリー」を紹介する。そしてロフト文化の変型として「ゴールド」「芝浦食堂」「ジュリアナ東京」の名を挙げる。いずれも倉庫的な空間を使いながら、ディスコなど日本流の変化を見せたバブルの象徴的な店だ。もっとも、ジュリアナはバブル崩壊後に登場したわけだが……。

バブル崩壊後も、湾岸開発は止まらなかった。1993年（平成5年）にレインボーブリッジ、95年にゆりかもめ、96年にりんかい線と、着々と交通網が整備されていく。そして96年に都は世界都市博覧会（都市博）開催をもくろむ。都市博は当時から鈴木都知事が「幻の1940年万博」の実現を目指した、といわれていた。

周知の通り、都市博は青島幸男知事の登場で中止となる。バブル崩壊とともに再びしぼんだ湾岸開発だったが、石原慎太郎知事の就任で息を吹き返す。石原氏が執念を燃やしたのが五輪誘致だった。

こうして振り返ってみると、湾岸地区にかける東京市や東京都の強いこだわりが見えてくる。

一方で、東京という都市が埋め立てと土地の活用によって発展してきたのもまた事実だ。江戸時代を象徴する場所、歴史ある場所と思われている日本橋も、埋め立てによって生まれた。丸の内や品川、豊洲、築地も埋め立て地だ。

江戸時代以降、東京は埋め立て地を開発のフロンティアとして活用してきた。その意味では、湾岸をフロンティアと捉える視点は一貫している。

歴史は繰り返す。国としての人口減と、東京

ジュリアナ東京で踊る人たち（日本経済新聞社提供）

の都市としての膨張が同時に進むこれからの時代、東京湾岸はどのような変化を見せるのだろうか。

東京都知事就任前、臨海副都心地区を視察する青島幸男氏
（日本経済新聞社提供）

第2章

東京の地下天国

ジオフロント――泡と消えた地下の夢

湾岸と並び、多くの人が夢を見たのが地下空間だ。特にバブル期には「ジオフロント」と呼ばれ、都市開発のフロンティアとはやし立てられた。それは熱に浮かされたような壮大な構想だった。

1988年、ゼネコン各社の相次ぐ地下開発構想

地下の大規模開発構想の先駆けともいえるのが、1981年（昭和56年）に大林組が発表した「アンダーグラウンド・テクノピア／緑の島構想」だ。東京湾に人工島を造り、その地下に25万人が居住できる地下空間を構築する。地下鉄、駐車場、多目的ホール、下水処理場などが計画されていた。

1988年になると、ゼネコン各社は次々と地下開発構想を発表した。中でも注目された

のが、同年4月に発表した清水建設の「アーバン・ジオ・グリッド構想」と大成建設の「アリス・シティネットワーク」だ。

第1章で紹介した『建設業の21世紀巨大プロジェクト』（日本能率協会）に計画の概要が詳しく載っているので見ていこう。

アーバン構想は、平均年齢32歳という清水建設の若手技術者6人がまとめた意欲的なプランだ。地下30ｍに「グリッド・ポイント（GP）」、地下50ｍに「グリッド・ステーション（GS）」を配置し、それらをトンネルで結ぶ。GPには展示場や集会所といったコミュニティー施設、図書館や体育館といった教育文化施設、プールなどのスポーツ施設を配置し、GSには駅のほか、オフィスやショッピングセンターなどを整備する。

この構想の最大の特徴は、ネットワーク全体の広さだ。なんと、直径40㎞と東京23区がすっぽり入る広大なネットワークを地下に築くというのだ。50万人の利用を見込み、建設費は10兆円。経済波及効果は30兆円以上とはじく。

構想では安全対策や技術的な課題、法整備の必要性まで言及している。さすがに壮大すぎるが、地下の拠点をネットワークでつなぐという基本理念は、現在の東京の地下の繁栄を思わせる面もある。

地下に40階建てのビルを建設する計画があった

大成建設の「アリス・シティネットワーク」は清水建設の半年後に発表された。横に広がる「アーバン」に対し、こちらはひたすら縦に延びていく。そう、地下に40階建てのビルを建設するというのだ。

場所は新宿。地表から地下200mにかけて、直径160mの円形ビルを建てる。天井はドーム状のガラスで覆い、建物の中央部を吹き抜けにして自然光を最深部まで届ける。ビルにはオフィス、商店街、ホテルなどを誘致し、10万人の利用を見込む。

アリス構想のユニークな点は、ビルの周りに球体状のタンクを多数配置することだ。直径12～13mほどで、それぞれガスや水道、電気などを供給する。総事業費は5200億円。10兆円に比べれば……とも思えるから不思議だ。

間組（現・安藤ハザマ）が1990年（平成2年）に打ち出した「青山ギア（GIA）構想」は、青山の地下に情報・文化・レクリエーション施設を備えた複合都市を建設する構想だ。青山には当時、同社の本社があった。ちなみにGIAとは「Geo Integrated Amenity」の略だとか。前出の『建設業の21世紀巨大プロジェクト』は「簡単にいえばトンネルである」とにべもない。

GIA構想は清水建設の「アーバン」と同様、複数の地下拠点をネットワークで結ぶ。地下10〜50mに造る一つひとつの空間は球体状で、そこにオフィスや商業施設、文化施設を配置する。オールシーズンのスキー場やプールなども作るという。総工費は4500億円で、2010年にも実現可能、としていた。

同社はさらに大きな夢を描いていた。1990年発行の社史『間組百年史』によると、日本列島を縦貫する直径100m、長さ1500㎞のスーパートンネルを造り、全国規模での物流、交通、利水に使う「スーパーリザーバトンネル構想」もまとめていた。さらには地下2000mまで掘り下げ、そこから圧縮空気でロケットを打ち上げる「CALシステム」構想までぶち上げた。社史は記す。

「これらは、単なる『技術者の夢』をえがいたものではなく、100年の長きにわたって当社が蓄積し開発してきた技術力を結集して実現可能の構想を組み立てたところに意義があり、さまざまなバリエーションへの応用が可能である」

当時各社がこぞって構想を打ち立てたところを見ると、これが時代の気分だったのだろう。時まさしくバブル絶頂期。バベルの塔のように、何でもできる気分だったに違いない。

最後に当時の計画をもうひとつ。フジタの「ジオプレイン」。その名の通り、地下トンネル内に飛行機を飛ばす構想だ。1992年（平成4年）にはマツダなどと「地下飛行機研究会」を立ち上げた。

東京と大阪をトンネルで結び、この中で小型の飛行機を飛ばす。全長60m、幅25mのトンネル内で400人乗りの飛行機を時速600kmで飛ばすと、東京から大阪まで約1時間で到着できるという。

当時の日経産業新聞は研究会が3年後にモデル機を製作し、トンネルを使って実験を行うと書いていた。しかし記事掲載は1992年7月。既にバブルははじけ飛び、ゼネコン各社はそれどころではない事態に追い込まれていく。構想はまさに泡とともに消え去った。

ＪＲ東日本が猛批判した山手線・中央線の地下化構想

バブル絶頂期にはこんなハプニングもあった。

「ＪＲ山手線と中央線（東京～新宿間）をすべて地下１００ｍに移設する」——。１９８８年６月、日本土木工業協会がこんな報告書をまとめた。京浜東北線（品川～田端間）、総武線（新宿～秋葉原間）を加えた総延長84・８㎞を地下化し、65カ所ある駅と地上は１００人乗りのエレベーターで結ぶ。地表の線路は取り除き、残された跡地２３８haには超高層住宅や国際金融センターなどを設ける。地上と地下の総工費は10兆４７００億円……。

あまりに具体的な報告書に世間は驚いた。もっと驚いたのがＪＲ東日本だった。当時の住田正二会長は発表から６日後の記者会見で「非現実的だ」とばっさり。「地下まで10分以上かかる。乗車時間の短い山手線などでは利用客に迷惑がかかるだけだ」と指摘し、検討する意思すらないと表明した。さらには「およそ交通を知っている人なら出るはずがない」と不快感を示した。

これに対し、当時日本土木工業協会の会長だった熊谷組の社長は日本経済新聞の紙面上で

「単なる技術的な検討で他意はない」と釈明し、火消しに回った。技術者の夢が騒動になるほど地下開発への注目が高まっていた、ともいえるエピソードだ。

バブル期に浮上した計画はほかにもたくさんある。東急建設の「ジオトラポリス構想」、熊谷組の「オデッセイア21構想」、戸田建設の「TUBE構想」、竹中工務店の「ジオブロックネットワーク構想」……。だが一連の構想の中で、実現したものはひとつもない。

あえて指摘するなら、地下40mより深い大深度地下を使ったリニア中央新幹線だろうか。発想的にはジオプレイン構想に近いといえなくもない。もっとも、リニア構想自体は当時から存在していたが……。

地下空間は確かにさまざまな可能性を秘めている。だが、地下は一度開発すると後戻りできない。そして、地下がどのように開発されているか、一般の人の目には分からない。無秩序に開発されていてもチェック機能が働きにくいのだ。再び地下が注目されているいま、地下をどう活用するか、冷静な思考が求められている。

世界の地下、一番深い場所はどこ？

地下開発に意欲を見せるのは日本だけではない。世界に目を向けてみると、想像もつかないような地下開発が進んでいる。そもそも世界で一番深い場所はどこなのか。人類はどこまで深く到達できたのか。調べてみた。

ロシアに深さ12kmの穴があった

まずは世界一深い人工の穴。石油技術協会によると、ロシア北西部、ノルウェーとの国境近くにある「コラ半島」に地表からの深さ1万2261mの穴があるという。キロに直すと約12kmだ。

実に富士山の高さの3倍もある。世界最高峰のエベレスト（8848m）と富士山（3776m）を足してようやく届く深さだ。地上からの高度1万2000mというと、国際線の飛行機が到達するあたり。海底で見ても、最も深い太平洋マリアナ海溝の約1万9００ｍより深い。

ロシアは何のためにこれほどの穴を掘ったのか。石油技術協会の資料によると、目的は科学掘削という。地下深くはどんな岩石からできているのかなど、地下環境を科学的に調べるためだ。

地球は大きく分けて3つの層からなっている。表面を「地殻」が覆い、その下に「マントル」、中心部に「核」がある。卵に例えるなら地殻は卵の殻で、マントルが白身、核が黄身といった具合だ。

穴が掘られたのは旧ソ連時代のこと。１９７０年（昭和55年）に掘り始め、１９９２年（平成４年）に最深部に達した。計画では1万５０００ｍ

世界の地下、深い場所には何がある?

世界

名称(用途)	場所	深さ(m)
SG3（科学掘削）	ロシア・コラ半島	1万2261
Bertha Rogers1（天然ガスの試掘）	米オクラホマ州	9583
KTB（科学掘削）	ドイツ・バイエルン州	9101

日本

基礎試錐「新竹野町」(資源調査)	新潟県	6310
基礎試錐「三島」(資源調査)	新潟県	6300
岩槻観測点(地震観測)	さいたま市	3510

を目指してさらに掘り進めるはずだったが、地下の高温に阻まれた。石油技術協会の資料には「坑底温度205℃」と書いてあった。確かにとてつもない高温だ。

地下開発は温度との戦い――200℃超の場所もある

長年、土木工事に関わってきた地下の専門家で、地下空間利・活用研究所所長の粕谷太郎さんは「地下の掘削は温度との戦い」と話す。粕谷さんはかつて、高温で油の粘性が弱まり、油圧式の機械がうまく動かなくなったことがあったという。

場所によっても異なるが、一般的に深く掘るほど高温になりやすい。火山が多い日本では6000m前後で200℃に達するといい、新潟県で資源調査のために掘られた6300mの穴でも、底面の温度は200℃前後まで上昇したという。

実は日本でも、1万mまで掘る計画があった。その名も「日本列島における超深度掘削と坑井利用観測（JUDGE）計画」。候補地は静岡市周辺、千葉県の房総半島南部、神奈川県の三浦半島南部の3カ所で、フィリピン海プレートの動きを直接監視するのが狙いだ。

1990年代前半から議論され、日本経済新聞でも「深～い穴掘り　地震探る」（1993

年3月7日付）として取り上げた。だが技術的に乗り越えるべき壁が多く、いまだに大きな進展はない。

ただ、1万m（＝10㎞）の深さといっても、地球全体から見ればほんの表層だ。地殻の厚さは30〜50㎞あるといわれており、人類の英知を結集したプロジェクトも、卵の殻のごく一部をつついたにすぎない。

人類が降り立った最深の場所は……

科学的な掘削は、機械が到達した穴だ。では人類が降り立った最も深い場所は、どのくらいになるのだろうか。

「公表されている範囲では、南アフリカの金鉱山が最も深いのでは」と粕谷さんが教えてくれた。ムポネン鉱山、タウトナ鉱山がともに4000m前後まで掘り進められているという。

「これほどの深さでは温度と酸素不足が問題になる」といい、空調設備をそろえ、空気を送り込みながらの作業になるようだ。2010年にチリで起きた落盤事故でも注目されたが、地下深くにある作業現場は、人間にとっては過酷な環境だ。

国内の深い鉱山では岐阜県飛騨市のスーパーカミオカンデが有名だ。旧神岡鉱山の跡地にあり、深さは地下1000m。東京大学宇宙線研究所が運用する観測装置で、2015年に梶田隆章さんがノーベル物理学賞を受賞したのは記憶に新しい。

人工的な鉱山ではなく、自然にできた深い穴もある。洞窟だ。世界にはとてつもなく深い洞窟がある。現在、判明している中で最も深いとされているのがジョージア（グルジア）にある「クルベラ洞窟」で、2196mまで確認されている。

日本では新潟県糸魚川市に深い洞窟が集結している。日本最深が「白蓮洞」で513mあり、次いで「千里洞」の405mだ。2000m級と比べると浅く感じるが、それでも東京タワー（333m）がすっぽり入る深さになる。

糸魚川市といえば東日本と西日本を分ける「糸魚川静岡構造線」で知られ、地理好きには興味深

自然と人工の穴

洞窟

名称（場所）	深さ（m）
クルベラ洞窟（ジョージア）	2196
白蓮洞（新潟県）	513
千里洞（新潟県）	405

鉱山（跡地含む）

ムポネン鉱山（南アフリカ）	約4000
タウトナ鉱山（南アフリカ）	約3900
スーパーカミオカンデ（岐阜県）	約1000

い土地だ。

東京で最も深い場所は、どこ?

東京ではどうだろう。地下深くには、どんなものがあるのか。

B1、B2、B3、B4……。エレベーターの文字盤が、地下へ地下へと延びていく。地上部分は4階なのに、地下は8階まである。東京・永田町の国立国会図書館新館は、地下約30mと東京で最も深いビルだ。

中央の吹き抜けが目を引く。その名も「光庭《ひかりにわ》」。天井の窓から光が差し、地下空間を照らす。地下で作業する人に安心感をと設計された。地下8階から見上げると、神殿のような趣がある。

地下はすべて書庫で、新聞や雑誌を中心に1600万点以上の資料を収容している。1986年（昭和61年）の完成から30年以上がたち、既に棚の9割が埋まった。紙の資料は水が大敵なので、外壁などに大がかりな防水工事を施し、漏水に備えトイレもない。火災時には水が出るスプリンクラーではなく、不活性ガスで消火する徹底ぶりだ。

地下深くに作ったのは、景観に配慮するためだ。固い地盤に囲まれ、地震にも強い。東日本大震災では地上の書庫から大量に本が落下したのに、地下は無事だったという。

では駅はどうか。東京で最も深い駅は東京都港区にある都営地下鉄大江戸線の六本木駅だ。地上から階段やエスカレーターを乗り継ぐこと7回で、ようやくホームにたどり着く。階段だと166段もある。

地上からホームまでの深さは42・3mあり、ビルに換算すると10〜14階分に相当する。駅の開業は2000年（平成12年）と後発で、他の路線を避けるため地中深くに潜った。

駅ではなく地下鉄のトンネル全体ではどうか。最深部はやはり大江戸線の飯田橋駅〜春日駅間で、49mにもなる。

地下鉄以外の路線でも地下にホームがあるところは少なくない。例えばつくばエク

国会図書館新館のエレベーター。地下8階まで行き先ボタンが並ぶ（日本経済新聞社提供）

スプレスの秋葉原駅は地下33・6mの場所にある。東京駅はＪＲ京葉線が32m、総武線が24mだ。

ただ、深さの数字は基準で変わる。都営地下鉄やＪＲ、つくばエクスプレスは地表からホームまでを測っているが、東京メトロはレール面まで。このため結果が1mほど違ってくる。

国会図書館新館の地下は神殿のような趣。自然光が下まで届くよう設計されている（日本経済新聞社提供）

地表からではなく海抜で考えると、結果はさらに変わる。海抜で最も深い駅は半蔵門線の住吉駅でマイナス33mだ。路線全体だと、りんかい線大井町駅から品川シーサイド駅間に同43・76mの場所があり、海抜ベースでは最も深い。これに対して大江戸線六本木駅は同11mにすぎない。新宿の損保ジャパン日本興亜本社ビルの地下6階も海抜で見るとプラスだ。

粕谷さんは「東京は意外に起伏が激しい。六本木など小高い場所にある駅は、地表面からの深さでは大きな数字になる」と解説する。ふだんは高低差を感じにくいが、地下の数字が隠れた地形をあぶり出す。

　では、一般の人が体験できる東京の地下はどこまでなのか。調べてみると、東京の最深部は道路だった。首都高速中央環状品川線に、地上から55mの場所がある。東京ではないが、川崎市と千葉県木更津市を結ぶ東京湾アクアラインは、最深部が海面から57mある。どうやらこのあたりが限界のようだ。

　東京を離れると、もっと深い場所がある。国内では、上越新幹線の大清水トンネルが1300mと深い。ただしこれは地表からの深さになるので、山岳地帯だと数字が大きくなりがち。青函トンネル内にかつてあった吉岡海底駅が149・5m。現存する駅では

東京湾アクアラインの地下最深部。「海面下57m」の表示がある（日本経済新聞社提供）

JR上越線の土合《どあい》駅が70・7mだ。

土合駅は「日本一のモグラ駅」の愛称で知られている。時刻表を見ると、欄外に「ご注意…土合駅は改札口から下りホームまで約10分かかります」と注意書きがあるほど。地下好きなら一度は訪れたいスポットだ。

地下深くにある公共施設

トンネル　(m)

ゴッダルド・ベーストンネル(スイス)	2300
大清水トンネル(上越新幹線、群馬・新潟県境)	1300
青函トンネル(青森・北海道境界)	240
東京湾アクアライン(神奈川・千葉県境)	57

駅

アルセナーリナ駅(ウクライナ)	105.5
旧吉岡海底駅(北海道)	149.5
JR上越線土合駅(群馬県)	70.7
都営大江戸線六本木駅(東京都)	42.3

電力関連

葛野川発電所(山梨県)	500
瑞浪超深地層研究所(岐阜県)	500
幌延深地層研究センター(北海道)	380

東京・梅田・名古屋……日本一の地下街は？

東京の地下は広大だ。主要ターミナル駅には大きな地下街があり、その売上高は百貨店をもしのぐ。だが、地下街は東京の専売特許ではない。大阪・梅田にも巨大な地下街があり、名古屋だって負けていない。全国の地下街をいろんな角度から比べてみた。

東京の地下街は駐車場から始まった

東京駅の地下街といえばやはり八重洲地下街だろう。歩き回るのも大変な、巨大地下街だ。「ダンジョン」といわれる大阪・梅田も有名だが、いい勝負なのではないか。地下街に詳しい粕谷太郎さんに聞いたところ、「延べ面積で見ると、単体の地下街としては大阪の『クリスタ長堀』が最大です」と予想外の答えが返ってきた。

１９９７年（平成９年）開業のクリスタ長堀は、心斎橋周辺の地下にある商店街だ。八重洲地下街は2位で、クリスタを大きく下回った。3位は横浜駅にある「ジョイナス」、4位に名古屋駅「セントラルパーク」、5位に川崎駅の「アゼリア」が入った。

クリスタ長堀はなぜこれほど広いのか。国土交通省街路交通施設課の担当者に尋ねると、「地下街の面積には、店舗だけではなく、通路や駐車場も含まれているんです」と教えてくれた。クリスタ長堀の場合、駐車場だけで4万5400㎡もある。八重洲地下街は駐車場が約2万2000㎡で、こちらもかなりの割合を占める。

でも、なぜ駐車場？　通路はともかく、駐車場まで地下街の面積に入っているのはどうしてなのか。理由を探っていくと、地下街と駐車場の深い関係が見えてきた。

謎を解くカギが八重洲地下街にあると聞き、さっそく訪れた。八重洲地下街テナント営業部の担当者が教えてくれたのは、昔の会社名だ。その名もずばり、「八重洲駐車場株式会社」という名前だったという。ちなみに会社設立当初は「東京地下駐車場株式会社」だった。

「モータリゼーションが進んだ昭和30年代になって、東京駅や新宿駅など主要ターミナルに地下駐車場を造ろうという計画が持ち上がったんです。その際、駐車場に付随して地下街を、という話になったのがそもそもの始まりでした」。こうして1965年（昭和40年）、八

広い地下街ランキング

順位	名称	所在地	延べ面積（㎡）
1	クリスタ長堀	大阪市	8万1825
2	八重洲地下街	東京都中央区	6万9150
3	横浜駅西口地下街（ジョイナス）	横浜市	6万2275
4	セントラルパーク	名古屋市	5万6625
5	アゼリア	川崎市	5万6450
6	天神地下街	福岡市	5万3525
7	ディアモール大阪	大阪市	4万5650
8	ポルタ	横浜市	3万9125
9	新宿サブナード	東京都新宿区	3万8400
10	なんばウォーク	大阪市	3万7875
11	オーロラタウン	札幌市	3万3650
12	ゼスト御池	京都市	3万2550
13	ホワイティうめだ	大阪市	3万1350
14	アピア	札幌市	2万9800
15	エスカ	名古屋市	2万9175
16	小田急エース	東京都新宿区	2万8125
17	ユニモール	名古屋市	2万7375
18	ポルタ	京都市	2万7375
19	シャレオ	広島市	2万4925
20	岡山一番街	岡山市	2万3275

重洲地下街が開業した。ちなみに八重洲という地名は江戸時代に徳川家康の外交顧問として重用されたオランダ人、「ヤン・ヨーステン」の和名「耶揚子《やよす》」に由来する。

八重洲だけではない。「新宿サブナード」や「池袋ショッピングパーク」も経緯は同じだ。前者は「新宿地下駐車場株式会社」、後者は「池袋地下道駐車場株式会社」が設立時の社名だという。

ところで池袋にだけ社名に「道」が付いているのはなぜか。池袋ショッピングパークに聞いてみると「会社設立の目的として、地下駐車場と地下街の運営のほか、地下道の運営というのがありました。そこで『地下道駐車場株式会社』

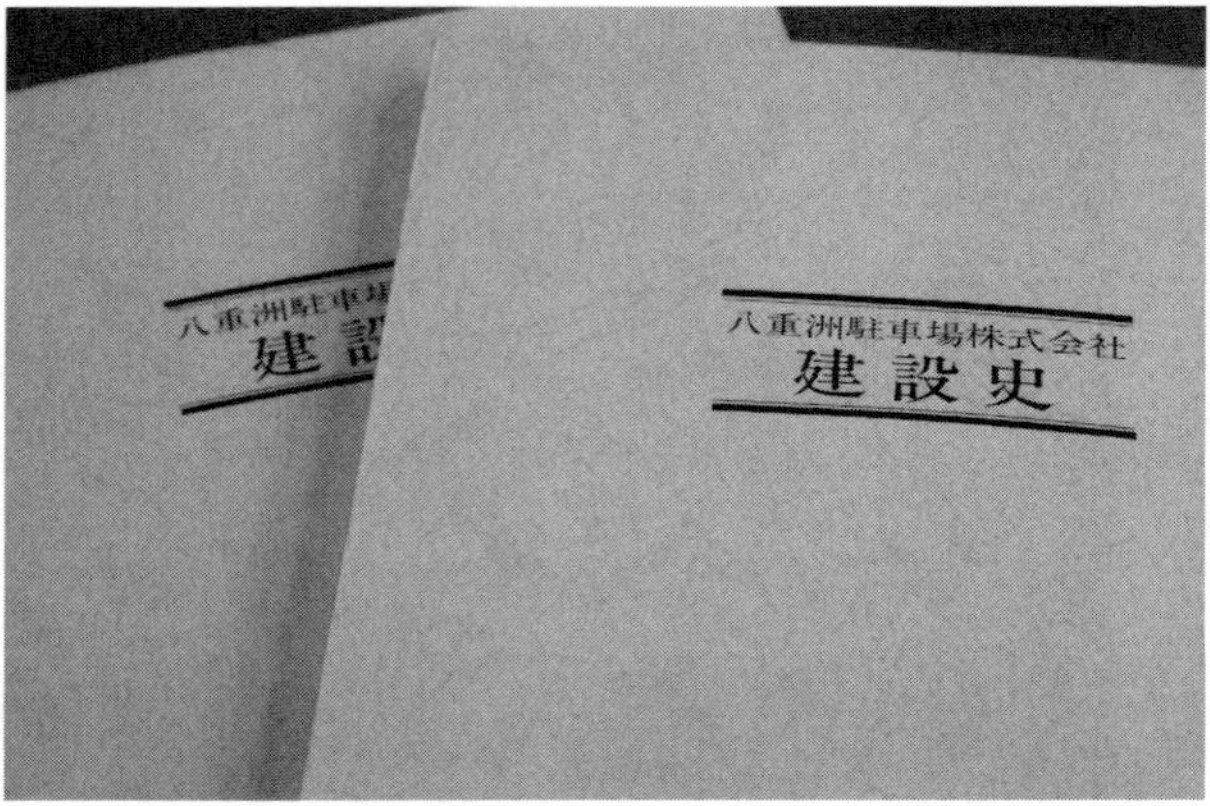

八重洲駐車場株式会社の社史

と名付けたようです」とのこと。1997年開業のクリスタ長堀も「長堀地区地下交通ネットワーク整備事業」の一環として造られたため、初めから大きな駐車場が地下街の中に含まれているのだ。

ところで、粕谷さん作成の資料を見てふと気になった。東京駅といえば「キャラクターストリート」などで知られる「東京駅一番街」があるはず。八重洲地下街と一体的につながっているが、別の商業施設で、東京駅の真下に位置する。資料に見あたらないのはどうしてなのか。一番街を運営する東京ステーション開発に聞いてみた。

「実は法律上、一番街は地下街ではないんです」。営業部の担当者が打ち明ける。一番街があるのは東海道新幹線の地下で、ここにある商店街は地下街ではなく、「鉄道施設」だという。いわば駅ビルのようなものだ。

そもそも地下街とは何なのか。国交省によると「公共の歩道に面して店舗が設けられた地下施設」だという。ポイントは「公共の歩道」。地下街は通常、公共道路の地下にあり、地下街の通路も公共の歩道だ。これに対して、一番街があるのは民間会社であるJR東海が管理する駅の地下。防災上も地下街が建築基準法によって規制されるのに対して、駅の地下にある施設は「鉄道事業法」に基づく省令の規制を受けるという。「一般の方から見るとどちらも地下街ですよね」。担当者は苦笑する。

その東京駅一番街、実は八重洲地下街より歴史が古い。生まれたのは１９５３年（昭和28年）で、当時は「東京駅名店街」という名前だった。１９７８年（昭和53年）にはほぼ現在の大きさにまで増床し、２００５年（平成17年）からは大部分をＪＲ東海の子会社である東京ステーション開発が運営するようになった。名店街はもともと、ステーション開発とＪＲ東日本の関連会社、鉄道会館がエリアを分けて運営していたが、再開発を機に整理したわけだ。鉄道会館は現在、東京駅の地下で「グランスタ」「黒塀横丁」などを運営している。これらも法律上は地下街ではない。

駅別１位は新宿駅、店舗面積では大阪ミナミ

国交省によると、全国に地下街は約78カ所ある（登録されていても既に閉鎖したところもあるので、「約」にとどめておきたい）。では都道府県ごとに集計するとどうなるのだろう。粕谷さんが全地下街の面積を計算したところ、１位は東京都で26万３５０㎡だった。２万

5675㎡差で大阪府が続き、3位は神奈川県となった。

エリアごとに見てみよう。ターミナル駅では複数の地下街が連結していることが多い。利用者にしてみれば、「○○地下街」というよりも「○○駅の地下街」といわれた方がしっくりくる場合もある。そこで、駅から地下でつながっている地下街をすべて足し合わせた、駅ごとの地下街総面積で比べてみた。

その結果、日本で最も地下街が広い駅は新宿駅となった。5つの地下街の総面積は11万㎡超で、幅10mの地下通路があったとすると、11㎞分の面積となる。2位が横浜駅で、3位は大阪・梅田駅、4位が名古屋駅、5位が名古屋・栄駅となった。

大阪・梅田駅の地下街は巨大だが、地下街の定義上、阪急三番街が入っていない。三番街は駅下にあることから「地下階」などと呼ばれ、東京駅一番街と同じく地下街ではないのだ。阪急三番街を加えれば、梅田駅は新宿駅を大きく上回る。

では、地下街（単体）を店舗面積で見てみよう。冒頭で紹介したランキングは、地下街の法的な定義に従い、通路や駐車場も含めた面積で比較した。通路も地下街の一部であり、地下街の広さに含めてもおかしくはないが、1位が「クリスタ長堀」という結果にはやはり意外感がある。

そこで店舗部分だけの面積で比較したところ、1位は大阪・ミナミの「なんばウォーク」で、2位が「八重洲地下街」となった。3位も大阪・梅田の「ホワイティうめだ」と、大阪勢が上位に浮上した。一方、「クリスタ長堀」は店舗面積では10位にとどまった。これなら実感に近いランキングといえそうだ。

駅の地下街、広いのは?

	駅名	地下街名	総面積(㎡)
1	東京・新宿駅	ルミネエスト・小田急エース、新宿サブナード、京王モール、京王モールアネックス	11万1150
2	横浜駅	ポルタ・横浜駅西口地下街(ジョイナス)・新相鉄ビルDブロック	10万4325
3	大阪・梅田駅	ホワイティうめだ・大阪駅前ダイヤモンド地下街・ドージマ地下センター	8万5700
4	名古屋駅	エスカ・ゲートウォーク・ユニモール・ダイナード・名駅地下街サンロード・近鉄パッセ・新名フード・ミヤコ地下街	8万3375
5	名古屋・栄駅	サカエチカ・セントラルパーク・栄森の地下街	8万3200
6	大阪・長堀橋駅	クリスタ長堀	8万1825
7	東京駅	八重洲地下街	6万9150
8	川崎駅	アゼリア	5万6450
9	福岡・天神駅	天神地下街	5万3525
10	札幌・大通駅	オーロラタウン・ポールタウン	4万7875

地下街の店舗面積ランキング

	地下街名	所在地	面積（㎡）
1	なんばウォーク	大阪市	1万5450
2	八重洲地下街	東京都中央区	1万3900
3	ホワイティうめだ	大阪市	1万3725
4	天神地下街	福岡市	1万2175
5	アゼリア	川崎市	1万1750
6	横浜駅西口地下街（ジョイナス）	横浜市	1万 775
7	セントラルパーク	名古屋市	1万 700
8	ポルタ	京都市	1万 300
9	アピア	札幌市	9450
10	クリスタ長堀	大阪市	9150
11	岡山一番街	岡山市	8425
12	ディアモール大阪	大阪市	7800
13	ポルタ	横浜市	7800
14	新宿サブナード	東京都新宿区	7450
15	シャレオ	広島市	7150
16	オーロラタウン	札幌市	6625
17	ユニモール	名古屋市	6175
18	エスカ	名古屋市	6125
19	ゼスト御池	京都市	4700
20	小田急エース	東京都新宿区	3775

大阪の地下街は、地下道から始まった

東京と大阪では、大規模地下街の成立過程が大きく異なる。

大阪の地下開発は、地下鉄と地下道の開通が端緒となった。「ホワイティうめだ」などを運営する大阪地下街（大阪市）の社史『50周年を迎えて　大阪地下街株式会社50年史』によると、大阪市内に初めて公共の地下道ができたのは１９３２年（昭和7年）で、場所は堺筋にある三越前だった。１９３４年には御堂筋の順慶町、１９３６年にはさらに何カ所か新設された。一方、地下鉄は１９３３年の梅田～心斎橋間を皮切りに、１９３５年には心斎橋～難波間が開通するなど広がっていく。

戦後になると、モータリゼーションによって大阪市内は激しい渋滞と交通事故が社会問題となる。そこで大阪市は歩行者の安全対策として地下街建設構想を打ち出す。１９５３年（昭和28年）のことだ。紆余曲折を経てまずは難波にある高島屋の下に大阪初の地下街を作ることとなり、１９５７年12月18日、「ナンバ地下センター」が開業した。これが現在の「ＮＡＭＢＡなんなん」だ。

地下街は大成功を収める。百貨店の来店者が1日15万人とされていた当時、20万人を超える人々が地下街に押し寄せたという。大阪市は「当時、東京にも地下街はあったがいずれも小規模だった。本格的な地下街としては大阪が最初」と胸を張る。この成功が1963年の「ウメダ地下センター」（現・ホワイティうめだ）の誕生などその後の地下街ラッシュにつながる。こうして大阪市は日本有数の地下街タウンとなった。

一方、東京の大規模地下街は駐車場整備から始まったことは先に書いた。歩行者を誘導するために生まれた大阪の地下街と、駐車場の付帯施設として生まれた東京の地下街。店舗の多さや通路の広さなど、地下街に対するとらえ方が違うのは、こうした歴史が背景にある。

国内初の地下街は、東京・神田で生まれた

地下街の歴史は古い。話は昭和初期までさかのぼる。1930年代、東京・上野にできた「地下鉄ストア」が嚆矢となった。

日本初の地下街誕生の裏には、1人の男の存在があった。早川徳次《のりつぐ》。「地下鉄の父」とも呼ばれた人物だ。シャープの創業者、早川徳次《とくじ》とは字は同じだが別人だ。

早稲田大学を卒業後、南満州鉄道（満鉄）に入社した早川は、当時の総裁、後藤新平に師事する。後藤が総裁辞任後は鉄道院や民間の鉄道会社を転々とし、ロンドンの地下鉄を視察したのを機に地下鉄建設にのめり込む。大隈重信、渋沢栄一らの支援も得て１９２７年（昭和２年）に上野～浅草間で日本初の地下鉄を開通させ、１９３１年には神田、１９３４年には新橋まで延伸した。

早川は沿線に劇場や百貨店などを配置した阪急の小林一三にならい、地下鉄の駅に食堂や店舗を設けた。なかでも地下街の原型といえるのが、１９３１年に開店した上野駅の「地下鉄ストア」。食料品や菓子、雑貨、おもちゃなどを手がけ、店内には「他の店に比べて、もし高い品がありましたら、我々のモットーに反しますので、その場で1割増しにて買い取ります」とのポスターがあったという（中村建治『メトロ誕生』交通新聞社）。

上野の成功に自信を深めたのか、早川は神田駅にも「神田須田町地下鉄ストア」（須田町ストア）を出店する。１９３２年のことだ。これが日本初の地下街といわれている。上野の「地下鉄ストア」は駅ビルの地下にあり「デパ地下」のようなもの。これに対し神田では地下鉄の改札を出て出口に向かう通路に店舗が並び、まさしく地下街だった。

『メトロ誕生』によると、この地下街には「地下鉄市場」という店があった。店内の品物はすべて10銭均一と今の「100円ショップ」のような商法だ。昭和恐慌が襲ったこの時期、全国で「10銭ストア」が大流行した。1930年に高島屋が大阪で始めたのがきっかけといわれている。『高島屋百五十年史』によると、1931年には全国で51店舗をチェーン展開していた。米国の「10セントストア」にならったといわれ、日本では「テンセンストア」とも呼ばれたという。日本初の地下街にもこの波が押し寄せたわけだ。

ちなみに浅田次郎の小説『地下鉄に乗って』（講談社）では、主人公の勤める衣料品会社は神田駅の地下鉄ストアの中にある設定だ。作中、須田町の地下街について「盛時には三十数軒もひしめいていたという店舗のほとんどは、無意味な空間になっている」との描写がある。古びた雰囲気が小説の味を引き立てた。

昭和の風情があった最古の地下街は、いまはもうない。筆者が入社した1990年代は健在だったが、2011年に閉鎖となった。

跡地を訪れてみると、店舗があったであろう場所は歩道として整備されていた。通路の両側には白いタイルが貼られ、地下鉄銀座線の歴史を示すパネルが並んでいる。そこにはかつての「須田町ストア」の写真もあった。

神田に次いで古い「三原橋地下街」もいまはない。現存する最古の地下街は浅草だ。こちらはいまも昭和な雰囲気の中で営業を続けている。

東京・大阪・札幌……地下通路が長いのはどこ？

網の目のように張り巡らされた都会の地下通路。雨の日に助かる半面、方向感覚がつかめず迷うことも多い。では、地下だけでどこまで遠くに行けるのだろうか。全国で最も長い距離を歩ける地下通路を探してみた。

東京駅の地下に４kmの地下道がある

調査したのは地下のスペシャリスト、粕谷太郎さん。全国の地下網をくまなく調べ、同一地点を通らず、どこまでつながっているか検証してもらった。同じ場所は通らない、というのがミソだ。

結果は表の通り。一番長いのはやはり東京駅周辺だった。それも圧倒的だ。１位のルートは大手町から東銀座まで４０５０ｍと、２位の新宿駅周辺より１km以上長かった。３位に食い込んだのが札幌駅だ。大阪ではなんばが4位となり、地下街が集まる梅田は5位にとどまった。

東京駅周辺には地下街や通路が多く、大手町から東銀座まで歩く経路は1位のルートを含め、大きく3つある。

①JR東京駅の東側で、八重洲地区を通るルート②東京駅の西側、丸の内地区を通るルート③東京駅の西側で、皇居寄りの日比谷付近を通るルート――だ。粕谷さんの調査では、それぞれ概算で①4050m②3450m③2500mだった。3つもルートがあるほど、このエリアには地下空間があふれている。順位表には、最も長い①のルートを代表として掲載した。

東京駅の地下はなぜ長いのか。理由の一つには、地下鉄が複雑に入り組んでいることがある。

東京駅周辺には東京メトロの丸ノ内線、東西線、千代田線、半蔵門線、銀座線、日比谷線、有楽町線、都営三田線の駅があり、それぞれが地下通路を持っている。粕谷さんは「地下鉄を作ったとき、作業用の通路も作った。埋め戻すにはコストがかかるため、これがそのまま地下通路に転用された側面があります」と指摘する。

もう一つの理由が再開発だ。もともと存在していた地下鉄通路や地下街などの空間が、民間ビルの竣工に伴い次々とつながっていった。例えば1位となった八重洲ルート。2007年（平成19年）までは、大手町から歩いても八重洲地下街まででしか行けなかったが、

地下だけで長く歩けるのは…

順位	地区	ルート	概算距離(m)
1	東京駅	JAビル→大手町ファーストスクエア→JR東京駅八重洲口→八重洲地下街→東京国際フォーラム→JR有楽町駅→銀座線銀座駅→日比谷線東銀座駅→歌舞伎座前	4050
2	新宿駅	丸ノ内線西新宿駅→都庁前→JR新宿駅→メトロプロムナード→副都心線新宿三丁目駅→高島屋前	2750
3	札幌駅	第一合同庁舎前→JR札幌駅→南北線札幌駅→駅前通地下歩行空間→東西線大通駅→東西線バスセンター駅	2300
4	大阪・なんば	湊町リバープレイス→JR難波駅→千日前線なんば駅→なんばウォーク→近鉄日本橋駅	1600
5	大阪・梅田駅	堂島ホテル→ドージマ地下センター→梅田駅→ホワイティうめだ→新阪急ホテル	1500
6	神戸駅	ハーバーランド→JR神戸駅→高速神戸駅→神戸タウン→新開地タウン→新開地駅	1350
6	京都・四条河原町	阪急線四条河原町駅→京都マルイ→タカシマヤ→阪急烏丸駅→烏丸線四条駅	1350
8	神戸・三ノ宮	サンシティ→JR三ノ宮駅→さんちか→海岸線三宮・花時計前駅→大丸	1300
8	広島・本通	本通駅→シャレオ→県庁前駅→中央公園	1300

同年に「グラントウキョウ（サウスタワー）」が完成し、京葉線地下ホームと接続したことで東銀座まで歩いて行けるようになった。

同じ年には②の丸の内ルートも開通している。この年に「有楽町イトシア」が誕生し、分断されていた地下道が通れるようになったのだ。地下鉄副都心線の開通で一気につながった新宿駅周辺や、公共地下道が開通した札幌駅など、利便性を追求した民間企業とそれを後押しした行政の姿勢が、地下空間を次々と広げている。

地下にはなぜ、階段が多いのか

約４㎞の地下空間を実際に歩いて気がつくのは、階段の多さだ。下りてすぐ上る階段もあり、数えただけでも２００段ほどあった。八重洲ルートのほかに丸の内ルート、日比谷ルートも歩いてみたが、段差が少なく一番楽なのは日比谷ルートだった。

なぜこんなに階段が多いのか。理由の一つは地下空間の成り立ちそのものにある。

東京駅の地下は、いきなり生まれたわけではない。国鉄やＪＲの地下ホームが生まれ、地下鉄の駅が生まれ、ビルの地下が生まれた。管理者も違う。ＪＲだったり東京メトロだったたり、東京都だったり。ビルの地下はそれぞれのオーナーの管理下だ。路線の都合、地盤の都合などにより、地下の高さは変わってくる。高さの違う地下フロアを結ぶには階段が必要だ。地下にはガス管など埋設物も多く、それらを避けようとさらに階段が生まれてしまう。階段の多さは、全体計画なく増殖する地下空間の象徴でもある。

階段だけではない。東京駅の地下を歩くと様々な課題が見えてきた。まず、エスカレーターの多くが昇りだけだったこと。階段は上る方がきついようにも思えるが、足をけがしたときに下りの方がつらかった記憶がある。場所の制約があり難しいのかもしれないが、再開発の際には改善してほしい点だ（ちなみに新聞の校閲担当者に聞いたところ、エスカレーターは「昇り」で階段は「上り」とのこと。誤植ではない）。

次に、「行きはよいよい」的な通路がいくつもあった。例えば大手町野村ビルの地下通路ではビルの入り口に昇りエスカレーターがあるのに、出るときには階段しかない。入り口には「丸ノ内線　半蔵門線（ビル経由）」という矢印付きの看板があったので、近道だと思って通る人もいるだろう。残念な構造だ。

意外なことに、丸ビルと新丸ビルでも片側の出入り口だけ階段という場所があった。比較的新しいビルでもエスカレーターすらない場所は多い。

もう一つ。千代田線二重橋前駅で降りたとき、D1～D5出口が左右どちらにも存在することをご存じだろうか。

実は、大手町付近と有楽町付近にはどちらにもD1～D5出口がある。大手町方面のD1は行幸通りにあり、有楽町方面のD1は帝国劇場の裏にある。「D1出口で待ち合わせ」といわれても、どちらを指すか、確認しないと間違える可能性があるのだ。粕谷さんは「東京駅の地下は広範囲につながっているので、全体を通した番号の再編成が必要です」と訴える。ずいぶん前から関係者に検討を促しているが、いまだに変化は見られない。

日本橋の地下に「封鎖された地下空間」があった

東京駅周辺の地下網をよく見てみると、1カ所、「もう少しで隣とつながるのに」という惜しい場所がある。呉服橋交差点付近だ。

永代通りの下を大手町方面から延びてきた地下通路は、呉服橋交差点の手前でいったん途切れる。交差点の先から再び始まり、日本橋交差点の下からさらに茅場町まで通じている。

つまり、呉服橋交差点の地下に通路ができれば、地下網は一気に茅場町まで延びるのだ。これは惜しい。残念に思っていたら、粕谷さんが教えてくれた。

「実は、呉服橋交差点の地下には既に地下通路があるんです。整備はされていませんが、空間としては存在しています」

どういうことか。「東西線を建設するとき、同時に地下空間を確保しました。当時、自動車専用道路を地下に造る構想があり、そのための空間と考えていたようです。場所は東西線の上です」

『東京地下鉄道東西線建設史』（帝都高速度交通営団）で確かめた。

「電電公社ビル前から東京ガスビル前までの道路は、都で地下自動車道路をつくる計画があった」「地下1階は将来計画の自動車道路の空間とし……」

確かに記述があった。電電公社ビルというと、今の大手町ファーストスクエアのあたり。C12出口付近だ。東京ガスビルは日本橋にあるTGビルで、ちょうど日本橋駅から延びてきた地下通路が終わる地点となる。大手町から日本橋は、既に地下でつながっているのだ。

粕谷さんによると、空間は高さが3m前後ある。呉服橋交差点の下は首都高があるため、

1・5mと天井が低くなっているという。現在は完全に封鎖され、中を見ることはできない。

この地下空間、以前、NHKで「タモリさんが発見した」とニュースにしていた。なぜこの空間ができたか分からない、との解説付きだった。だがそれはちょっと違う。少なくとも粕谷さんたち専門家の間では知られていた。前出の「建設史」にも記述があり、図面上でも空間が確認できる。歴史が受け継がれていないのだろう。

現在、周辺では再開発が進んでいる。三菱地所が日本一の高さのビルを建てる予定だ。完成は2027年を見込む。ビルの地下通路をこの地下空間につなげれば、日本橋地区と大手町地区がついに地下で結ばれる。粕谷さんたちは以前からこの空間の活用を提案してきたが、再開発でついに実現しそうだ。

街ごとに形成された地下街とそれらを結ぶ地下通路。それはバブル期にゼネコン各社が夢見た「地下ネットワーク」をも思わせる。ただし、前にも書いたように、地下の開発は確認が難しい。地下がどのように開発されているかを可視化する3D地図がエリア限定では存在するようだが、東京を網羅したマップも必要ではないだろうか。

第3章

データでみる東京の意外な素顔

台東区に男性が多く、港区に女性が多い理由――23区ランキング

東京で暮らしていても、意外に知らないことは多い。男性が多い区、女性が多い区。人口密度や平均寿命、投票率……。知っているようで知らない東京23区の姿を、様々なデータから探ってみよう。

千代田区の人口密度、昼間は1㎢に7万人！

まずは基本的な情報から。
23区で最も面積が大きいのは、田園調布や羽田空港がある大田区だ。世田谷区、足立区がこれに続く。狭いのは台東区、中央区、荒川区で、3区とも大田区の実に6分の1だ。
人口はどうか。1位は世田谷区となった。90万人を超え、全国の市の人口ランキングに当てはめてみると、北九州市に次ぐ14位となる。世田谷区といえば成城や等々力など人気住宅

地がある。下北沢や二子玉川も世田谷区だ。

最も少ないのは千代田区で6万4000人ほど。大手町や丸の内を抱える屈指のビジネス街だが、住民の多さは他の区ほどではないようだ。それでも山口県萩市や長野県諏訪市よりも多い。

同じ人口ランキングでも、昼間人口で見ると上位の顔ぶれががらりと変わる。17位の港区がトップとなり、世田谷区は2位に後退。最下位の千代田区が3位に躍り出た。

単純計算だと千代田区は毎日79万人

東京23区

が朝晩、移動していることになる。人口規模で比較すると、浜松市民や熊本市民が全員夜になると市外に出ているようなものだ。わかってはいたが、数字で突きつけられると改めて通勤・通学の厳しさが伝わってくる。

人口の多さはもちろんだが、1㎢あたりの人口密度で見ると、東京の過密さはさらに浮き彫りになる。

2019年3月1日時点のデータでは、豊島区、中野区、荒川区、文京区、台東区は全国主要区（東京特別区と政令指定都市の区、全198区）全体でもトップ5に入る。23区からは8区が上位10位にランクインした。

東京以外では、6位に大阪市城東区、9位には同西区が入った。23区中22位の大田区も、

人口1位は世田谷区

人口　（万人）

1	世田谷区	93.1	13	中野区	33.9
2	練馬区	73.6	14	豊島区	30
3	大田区	73.5	15	目黒区	28.6
4	江戸川区	69.3	16	墨田区	26.7
5	足立区	68	17	港区	25.7
6	杉並区	58.1	18	渋谷区	23.2
7	板橋区	57.9	19	文京区	23.1
8	江東区	51.6	20	荒川区	21.8
9	葛飾区	45.3	21	台東区	20.7
10	品川区	40.5	22	中央区	16.3
11	北区	35.2	23	千代田区	6.4
12	新宿区	34.7			

東京都調べ、2019年3月1日時点

全国で見れば198区中51位となる。千代田区以外はどこも過密だ。とはいえ115位となった千代田区も、広島市西区や札幌市中央区よりは人口密度が高い。あくまで東京23区の中では比較的、というレベルにすぎない。

また、千代田区は昼間の人口密度が何と7万人を超え、他を圧倒している。1㎢に7万人とは想像を絶する多さだ。全国的にも特殊な区といえそうだ。

ちなみに全国主要区の中で最も人口密度が低いのは浜松市天竜区で1㎢あたり約30人。札幌市南区の210人が続く。政令指定都市では静岡市が493人で最も低い。政令20市のうち、1万人を超えているの

昼間人口は港区が最多

昼間人口（万人）

1	港区	94.1	13	板橋区	50.8
2	世田谷区	85.7	14	杉並区	48
3	千代田区	85.3	15	豊島区	41.7
4	新宿区	77.6	16	葛飾区	37.2
5	大田区	69.4	17	文京区	34.6
6	中央区	60.9	18	北区	33
7	江東区	60.9	19	中野区	31.3
8	足立区	60.9	20	台東区	30.4
9	練馬区	60.5	21	目黒区	29.4
10	江戸川区	56.1	22	墨田区	27.9
11	品川区	54.4	23	荒川区	19.4
12	渋谷区	53.9			

2015年国勢調査より

人口密度、
22区が1万人超

人口密度（1km²あたり・人）

1	豊島区	2万3071
2	中野区	2万1728
3	荒川区	2万1416
4	文京区	2万 505
5	台東区	2万 431
19	江東区	1万2845
20	足立区	1万2777
21	港　区	1万2640
22	大田区	1万2081
23	千代田区	5493

東京都推計、2019年3月1日時点

は大阪市と川崎市だけだ。ちなみに全国の市の中で最も人口密度が高いのは埼玉県蕨市で1万4578人。東京都武蔵野市、狛江市、西東京市、大阪市と続く。

女性比率が高いのは港区・目黒区・世田谷区

人口データを眺めていたら、面白いデータを見つけた。その名も「性比」。女性100人に対する男性の割合だという。数字が大きいほど男性が多く、小さいほど女性が多いことを意味している。

最も男性が多い区は上野や浅草がある台東区で断トツだ。千代田区、中野区が続き、足立区は男女がほぼ半々となっている。

台東区に男性が多いのはなぜか。台東区に尋ねると「明確な理由はわかりませんが、日雇い労働者が集まる山谷周辺の男性率が高いことが影響しているのではないでしょうか」との答えが返ってきた。台東区は自営業者が多いことが影響している、との見方もある。

東京23区研究所の池田利道所長によると、江戸時代、江戸には男性が多かったという。「町人の人口構成は男性30万人に対して女性は20万人といわれていました」

その後も男性が多い時代が続き、第1回の国勢調査が行われた1920年（大正9年）の東京府（現・東京都）の人口性比は112だったという。男女比が逆

男性が多い区、女性が多い区

	男性が多い区		女性が多い区	
1	台東区	105.5	港区	89.1
2	千代田区	101.8	目黒区	89.8
3	中野区	101.8	世田谷区	89.8
4	江戸川区	101.3	中央区	91.2
5	豊島区	100.7	渋谷区	92.7
6	新宿区	100.6	杉並区	92.8
7	足立区	99.9	文京区	93.1

女性100人に対する男性の割合、東京都推計、19年3月1日時点

転したのは2000年。女性が増えたのは最近だったのだ。

では女性が多い区はどこか。こちらは男性以上に差が激しく、港区、目黒区、世田谷区がトップ3となった。港区には東京タワーがあり、六本木や赤坂もある。高級住宅地の白金やタワーマンションが林立する湾岸エリアも港区だ。ブランドイメージが良く、女性に人気の住宅地を抱えていることが影響しているようだ。港区の性比89・1は、政令指定都市で最も女性比率が高い（=男性比率が少ない）熊本市（89・38）や2番目の札幌市（89・61）をも下回る。日本屈指の「女性優位エリア」なのだ。

ちなみに23区全体の性比は96・6で、日本全体では94・8となっている。全体としても女性が多いことがわかる。

高齢化率は北区がトップ

男女比の次は高齢化率だ。65歳以上の割合が最も高いのは北区の25・28%で、次いで足立区、葛飾区。少ないのは中央区、港区、千代田区となった。

この高齢化率、平成の初めと比べると変化が著しい。1989年（平成元年）のデータを見て愕然とした。当時最も高齢化率が高い台東区でさえ、15・27%なのだ。現在21位の千代田区が14・55%で2番目に高かったのも驚きだ。神田など下町が多いからだろうか。では当時、高齢化率が低い区はというと、江戸川区、足立区、江東区、練馬区、そして板橋区。ここまでが10%を切っていた。超高齢化というが、こうしてみるといかに変化のスピードが速かったか、よく分かる。

高齢化率、30年前と比べると…

高齢化率（%）

	1989	2018
北　区	12.05	25.28
足立区	8.68	24.80
葛飾区	10.04	24.49
台東区	15.27	23.44
荒川区	13.32	23.40
板橋区	9.38	23.04
大田区	10.88	22.77
墨田区	12.45	22.58
練馬区	8.91	21.75
江東区	8.72	21.52
杉並区	11.44	21.04
品川区	11.27	21.01

	1989	2018
江戸川区	7.74	20.97
中野区	11.62	20.64
世田谷区	10.61	20.21
豊島区	12.35	20.06
目黒区	12.00	19.82
新宿区	11.94	19.72
文京区	13.49	19.70
渋谷区	11.69	18.95
千代田区	14.55	17.79
港　区	12.83	17.20
中央区	13.98	15.46

ご長寿なのは何区？——23区の実像

千代田区の人口が5年で急増、なぜか足立区だけ減少

引き続き、東京23区のデータを詳しく見ていこう。

このところ都心回帰が指摘されている。そこで、人口の変化を調べてみた。２０１８年末の人口を5年前と比べて増減率を計算すると、最も高いのが千代田区で、なんと25％も増えている。次いで中央区（20・7％）、港区（20・4％）といわゆる都心3区が軒並み大幅増となった。

意外に思えるのが台東区だ。12・7％増で4位に食い込んだ。台東区といえば男性が多く、高齢化率も4位と高い。実際、増減の内訳を見ると、自然要因ではマイナスになっている。つまり、出生数を死亡数が上回っているのだ。それでも4位に入ったのは、社会要因が

大きくプラスになっているため。他県などからの転入者が転出者を大幅に上回った。都心3区に近く通勤などに便利なことが、東京への転入者をひき付けたようだ。

一方で、この5年で人口が減った区もある。足立区だ。増減率はマイナス0・8%と23区で唯一、減少に見舞われた。練馬区、葛飾区、江戸川区は増えたものの、増加率は2%台にとどまった。

ちなみに八王子市や調布市など26ある東京の市部についても調べてみた。市部全体では5年前に比べ1・55%

5年前と比べた人口の増減率

(%)

人口の増減率（2018年と13年の比較）					
1	千代田区	25.02	13	新宿区	5.20
2	中央区	20.70	14	北区	5.09
3	港区	20.42	15	杉並区	4.94
4	台東区	12.73	16	大田区	4.83
5	渋谷区	9.21	17	目黒区	4.29
6	品川区	8.88	18	世田谷区	4.23
7	文京区	8.70	19	豊島区	3.46
8	江東区	8.28	20	江戸川区	2.90
9	板橋区	7.35	21	葛飾区	2.77
10	中野区	7.09	22	練馬区	2.29
11	墨田区	5.93	23	足立区	▲0.8
12	荒川区	5.53			

の増加。増えているとはいえ、23区全体の5・56％と比べるとやはり開きがある。

市部で最も増加率が高いのが調布市で、5・24％。稲城市（4・95％）、武蔵野市（4・83％）、狛江市（4・41％）と続く。逆に増加率が低いのは羽村市でマイナス2・1％。青梅市、東村山市、あきる野市、福生市、八王子市、国立市までがこの5年で人口が減った市となった。郊外が苦戦する構図が鮮明だ。

結婚も離婚も多い中央区、さて長生きする区は？

都心回帰の動きは、合計特殊出生率のデータからも読み取れる。1998年には0・75と23区で最低だった千代田区が、なんと1・41に急回復したのだ。トップは中央区と港区の1・42で、千代田区と合わせて都心3区がベスト3に躍り出た。都心部にマンションが増え、ファミリー層が流入してきたことが背景にある。区が保育所整備など子育て支援策を強化したことも効果となって現れた。長らくトップだった江戸川区は1・38と4位となり、最下位は杉並区の1・0だった。

では結婚や離婚はどうだろう。1000人あたりの件数で比べてみた。婚姻率トップは中央区で1000人あたり10・39件。2位は千代田区で10・02だった。最下位は練馬区で5・43件となった。

離婚率はというと、これも中央区がトップで2・34件。2位は港区の2・23件だった。最下位は文京区で1・28件となった。

平均年齢も調べてみた。最も年齢が高いのが台東区で46・08歳。北区、葛飾区が続いた。若いのは中央区の41・9歳。千代田区、港区が42歳台だった。ただし平均年齢は、どの区もさほど大きな差にはならなかった。

では長生きする区はどこか。ちょっと古いデータにはなるが、厚生労働省がまとめた「生命表」(2015年)によると、東京23区で平均寿命が最も

合計特殊出生率は都心3区が突出

合計特殊出生率			
中央区	1.42	文京区	1.20
港区	1.42	練馬区	1.20
千代田区	1.41	板橋区	1.18
江戸川区	1.38	大田区	1.17
江東区	1.35	渋谷区	1.09
葛飾区	1.34	新宿区	1.08
荒川区	1.33	世田谷区	1.07
足立区	1.30	目黒区	1.07
墨田区	1.28	豊島区	1.04
台東区	1.25	中野区	1.04
品川区	1.23	杉並区	1.00
北区	1.21		

高いのは男女とも世田谷区で、杉並区が続いた。2010年調査では杉並区が男女とも1位だったが、世田谷区に抜かれたようだ。逆に低いのは男女とも足立区だった。

外国人が多い区は新宿区が群を抜く。ただ内訳を見ると、区ごとに特徴がある。新宿区と豊島区はベトナム、ネパール、ミャンマーが突出して多い。新宿区はこのほか中国や韓国も多かった。フィリピン人は足立・江戸川・大田区に目立ち、インド人は江戸川・江東区が突出していた。米国人は港区に集中している。

生活面に目を移してみる。2015年の国勢調査を基に、各区の持ち家比率を計算してみ

離婚率と婚姻率

	離婚率（千人あたり件数）		婚姻率（千人あたり件数）	
1	中央区	2.34	中央区	10.39
2	港区	2.23	千代田区	10.02
3	墨田区	1.94	渋谷区	9.67
4	足立区	1.94	墨田区	9.08
5	江戸川区	1.92	港区	8.93
19	世田谷区	1.54	板橋区	6.14
20	北区	1.49	江戸川区	5.65
21	荒川区	1.48	足立区	5.58
22	杉並区	1.41	葛飾区	5.44
23	文京区	1.28	練馬区	5.43

た。

トップは葛飾区。実に54・9%にのぼった。台東区、荒川区、足立区、世田谷区、江東区までが「半分以上が持ち家」となった。持ち家が最も少ない区は中野区で32・8%。豊島・新宿区まではいずれも30%台だった。学生や単身者の数などが影響しており、23区内で持ち家エリアと賃貸エリア、はっきりと色分けできそうだ。

投票率が高いのは文京区、ついでに区庁舎も高い

今度は投票率を見てみよう。

外国人が多いのは…

（人）

	外国人人口	
1	新宿区	42,618
2	江戸川区	35,827
3	足立区	31,996
4	豊島区	30,032
5	江東区	29,578
19	渋谷区	10,752
20	文京区	10,796
21	目黒区	9,087
22	中央区	7,787
23	千代田区	3,081

住民台帳、2019年3月1日時点

平均寿命は男女とも世田谷区

平均寿命　（歳）

	男性		女性	
1	世田谷区	82.8	世田谷区	88.5
2	杉並区	82.3	目黒区	88.1
3	渋谷区	82.2	杉並区	88.0
4	目黒区	82.1	渋谷区	87.9
5	港区	81.9	文京区	87.8
19	江戸川区	79.7	江東区	86.7
19	墨田区	79.7	墨田区	86.5
21	台東区	79.5	葛飾区	86.4
21	荒川区	79.5	江戸川区	86.4
23	足立区	79.4	足立区	86.1

厚生労働省「生命表」、2015年

２０１６年７月の東京都知事選挙では、文京区が65・８７％で１位。千代田区（64・６５％）、中央区（63・４７％）と続く。最も低かったのが江戸川区の55・３６％だった。17年の衆院選でも文京区だけが小選挙区、比例代表ともに唯一60％を超えた。ここ数年の選挙を調べてみたが、毎回似たような傾向だった。文京区や千代田区、中央区は総じて高く、江戸川区、足立区は低かった。

投票率トップの文京区は実は、区役所の建物も23区で最も高い（区役所単体として）。地上27階建て、１４２ｍもある。開庁は１９９４年12月で、当時から「豪華すぎる」との批判があった。２番目に高いのは練馬区役所で地上21階、高さは約94ｍ。３位が墨田区役所で19階と、ここまでが突出して高くなっている。

２０１５年までは豊島区本庁舎が４階と最も低かったが、再開発で新庁舎に移転した。新しい庁舎が入るビルは49階建て１８９ｍと超高層ビルだが、マンションと一体化しており、区役所は10階までだ。

23区では庁舎の建て替えが各地で検討されている。最近では渋谷区庁舎が完成したばかり。世田谷区や中野区も整備を検討している。

ところで、厚労省などで統計データの不備が世間を賑わせた。データはそこに暮らす人々の姿を映し出す。データの重要性を、もっとわかってもらいたいものだ。

東京にもあったスタバ空白区

知っているようで知らない東京23区。カフェやファミリーレストラン、ファストフード店の出店にも特徴がある。サービス業中心に、具体的なデータを見ていこう。

ホテルが多い台東区、そば・うどんは港区が突出

総務省「経済センサス」（2016年）から、店や会社の数を調べてみた。まずは全体像から。23区の中で会社（事業所）の数が最も多いのは港区だ。4年前の調査で中央区に抜かれたが、最新調査で再びトップに返り咲いた。3位は新宿区。前回調査で初めて都心3区（中央・港・千代田）の牙城を崩し、今回も3位をキープした。

中身を見ると、どの区にどんな業種が集まっているか、はっきり色分けできる。製造業が多いのが大田・墨田・足立区で、卸・小売業が多いのが中央・台東・千代田区だ。台東区は旅館・ホテルの数が突出していた。歴史的に日雇い労働者向けの簡易宿泊所が多いことを反映しているようだ。最近は外国人向けの低価格旅館としても注目されている。

飲食店はどうか。飲食店全体で見ると、新宿・港・中央区がスリートップ。この3区だけが事業所数ベースで5000を超えた。最も少ないのは荒川区で1010だった。こうして見ると結構差がある。

店の中身で見てみると、日本料理店が多いのは中央区で、港・新宿区が続く。中華料理は新宿・港・大田区の順。焼き肉は新宿区と港区が競り合う。そば・うどん店は港区が頭一つ抜け出し、千代田・新宿区が追う展開だ。すしは築

飲食店が多いのは…

	そば・うどん		すし		酒場・ビアホール		バー・キャバレー・ナイトクラブ	
1	港区	267	中央区	305	新宿区	1400	中央区	983
2	千代田区	236	港区	235	港区	1236	新宿区	917
3	新宿区	227	新宿区	160	中央区	980	港区	601
4	中央区	200	大田区	150	渋谷区	978	大田区	524
5	大田区	193	世田谷区	149	千代田区	886	渋谷区	475
21	北区	88	北区	70	目黒区	347	江東区	130
22	荒川区	87	文京区	65	荒川区	279	千代田区	129
23	目黒区	84	荒川区	55	文京区	256	荒川区	72

総務省「経済センサス」2016年

地のある中央区が群を抜き、港区も3位以下を大きく引き離した。

酒場・ビアホールは新宿区と港区が圧倒的で中央区が続いたが、これがバー・キャバレー・ナイトクラブになると中央区が1位に躍り出た。やはり銀座のバーは強いのか。

23区で唯一の「スタバ空白区」があった

では、個別の店で見てみよう。各社のホームページに載っている情報を基に、ランキングを作成してみた。データは2019年5月1日時点。

まずはカフェから。スターバックス（スタバ）は千代田区と港区が多い。5年前に調べたときには港区がトップだったが、千代田区が逆転したようだ。タリーズは港区が頭ひとつ抜け、千代田区、新宿区が続いた。価格帯やイメージが近いせいか、上位には同じような顔ぶれが並んだ。

出店戦略の違いがやや目立つのが文京区と目黒区だ。スタバではどちらも8店あるが、タリーズは文京区に3店、目黒区には店がない。スタバは文京区では東京ドーム周辺と東京大学周辺に集中的に出店している。目黒区では自由が丘や中目黒など東急線沿線に多い。

一方、ドトールコーヒーの場合は港区が3位に後退し、千代田区が断トツだった。ドトールは「昔からのオフィス街」に多い印象があるが、データからも裏付けられた。喫茶室ルノアールは新宿区が23店と最も多く、2位が千代田区で10店、3位が中央区で9店だった。

ちなみにドトールは23区すべてに店があるが、スタバは荒川区に店がない。タリーズは中野・目黒・北区にない。立地からもチェーンの性格が透けて見える。

スタバ空白地帯といえば以前は鳥取県が有名だった。知事が「スタバはないが砂場はある」などと発言したことでも話題となった。47都道府県中、唯一スタバが存在しなかったが、2015年、ついに鳥取にも出店し、都道府県レベルでは空白が解消された。23区内では江戸川区にも店ができたことで残る

カフェが多いのは…

	スターバックス		タリーズ		ドトール	
1	千代田区	43	港区	36	千代田区	40
2	港区	38	千代田区	28	新宿区	29
3	渋谷区	32	新宿区	23	港区	25
4	新宿区	28	中央区	18	中央区	25
5	中央区	22	品川区	11	渋谷区	22
			中野区	0		
	江戸川区	1	目黒区	0	葛飾区	4
	荒川区	0	北区	0	荒川区	3

は荒川区のみ。こちらは解消されるのだろうか。

足立区に多いマクドナルド、そしてモスは板橋

次はファストフードチェーン。やはり繁華街に多いのか、と予想していたらそうでもなかった。マクドナルドは足立区が最多で17店舗。練馬区が15店舗と続く。最も少ないのは荒川区で4店舗だった。

なぜ足立区が1位なのか。東京23区研究所は「人口が多いから」と分析する。同研究所が2010年2月に調べた際、マクドナルドの店舗が最も多かったのは新宿区で、2位が足立・大田・世田谷区だった。新宿区を除き、人口ランキングで5位に入る区が軒並み上位にきている。新宿区は人口こそ23区のちょうど真ん中ぐらいだが、昼間人口は5位内に入る。

モスバーガーはどうか。1位は板橋区と大田区だった。世田谷・新宿・渋谷区が3位で続く。人口の多い大田区はともかく、どうして板橋区なのか？　実は、板橋区はモスバーガー創業の地でもあるのだ。

モスバーガーが生まれたのは1972年（昭和47年）。板橋区成増に1号店を構えた。現

在、成増店がある場所だ。でもなぜ成増だったのか。

板橋区成増には東京・池袋と埼玉県の和光市、川越市などを結ぶ東武東上線の駅がある。創業者の桜田慧氏は当時和光市に住んでいた。証券会社を辞めて起業した桜田氏がたまたま見つけた物件が、成増駅近くにあるショッピングセンターの地下だったという。成増に店を構えたのは全くの偶然だった。

牛丼チェーンは創業地に多い

牛丼店の場合は、チェーンによって大きく分かれた。松屋が多いのは新宿・豊島区、すき家は大田・江東区、吉野家は中央区と、まったく重ならなかった。不思議といえば不思議だ。目黒区は3社とも比較的少なかった。

創業の地と関係があるのだろうか。松屋の1号店は練馬区の江古田駅（西武池袋線）北側にあ

ファストフードが多いのは…

マクドナルド		モスバーガー	
足立区	17	板橋区	10
練馬区	15	大田区	10
大田区	15	新宿区	8
板橋区	14	渋谷区	8
世田谷区	14	世田谷区	8
文京区	5	台東区	2
目黒区	5	目黒区	2
荒川区	4	荒川区	2

各社ホームページを参照。2019年5月1日時点

る。1位の新宿区と近いことは近い。練馬区はすき家と吉野家では23区中下位に位置しているが、松屋では5位と健闘していることからも、松屋にとって練馬区が「特別な区」だと推察できる。

一方、すき家の1号店は横浜市の生麦（鶴見区）だった。すき家が最も多い大田区と近いといえなくもない。吉野家は日本橋の魚市場の中で誕生した。移転前の築地市場内にその店舗はあり、かつてはその面影を残していた。吉野家も、一番多いのは創業の地を含む中央区だった。

ファミリーレストランは各チェーンともおおむね同じような傾向となった。中でも目立つのは足立区の多さ。マクドナルドと同様、人口の多さが影響したのだろうか。世田谷区や新宿区も多い。ロイヤルホストも世田谷区と新宿区が1、2位だった。

牛丼チェーンが多いのは…

松屋		吉野家		すき家	
新宿区	27	中央区	13	大田区	20
豊島区	18	港区	11	江東区	16
品川区	17	足立区	11	品川区	15
世田谷区	17	江戸川区	11	港区	14
練馬区	16	千代田区	11	新宿区	13
墨田区	5	中野区	2	中野区	1
中央区	4	文京区	2	文京区	1
荒川区	4	荒川区	1	目黒区	1

意外だったのは、各社とも空白区が少ないこと。サイゼリヤとデニーズは23区すべてに店を構え、ガストは品川区だけ店がなかった。ただし小型店「Sガスト」は品川区にもあった。23区内の店舗数が少ないロイヤルホストも、ないのは北・品川・荒川区だけだった。カフェチェーンでは空白区がかなり見られたが、ファミレスはまんべんなく出店していることがわかる。

理容店は足立区、美容店は世田谷区

そのほかのチェーンも調べてみた。ツタヤのレンタルショップは大田区が最多

ファミレスが多いのは…

ガスト	
新宿区	11
大田区	10
足立区	10
世田谷区	9
板橋区	9
練馬区	9
目黒区	2
文京区	1
品川区	0

サイゼリヤ	
新宿区	14
江東区	13
足立区	11
江戸川区	11
渋谷区	8
品川区	8
台東区	3
目黒区	3
中野区	1

デニーズ	
世田谷区	6
豊島区	6
大田区	5
足立区	5
渋谷区	5
江戸川区	5
江東区	5
千代田区	5
中央区	5
文京区	2
品川区	2
目黒区	1

だ。最も少なかったのは千代田区だった。もっとも、ツタヤのレンタルショップは閉店が続いており、大田区でも7店舗まで減った。ブックオフは世田谷区に多い。下位に千代田区や中央区が並ぶのをみると、やはり人口が大きく影響しているようだ。

ユニクロは大田区が6店舗とトップとなった。世田谷・豊島・江東・台東区が5店舗で続く。最も少ないのは目黒・荒川・中野・文京区で1店舗だ。23区すべてに店舗があった。

個別の店ではないが、学習塾は練馬区が最も多く、世田谷区、大田区、杉並区と続いた。理容店は足立・江戸川・大田区の順だ。これに対して美容店は世田谷・渋谷・大田区となった。病院は足立・板橋・大田区に多く、歯科診療所は世田谷・大田・港区がトップ3だ。

細かく見ていくと、意外に違いが浮き彫りとなる店の分布。そこには店舗の歴史と地域の事情が色濃く反映されている。

ごみや税金、境界またげばこんなに違う

お隣さんなのに、ごみを出す日もルールも違う。税金を払うのも別の場所――。市町村並みの権限を持つ東京23区では、隣接する区や市との境界線をまたぐと暮らしのルールががらりと変わることがある。中には建物の中に境界線が引かれたケースもある。

世田谷区VS狛江市――マンション所属を巡り争う

小田急線の喜多見駅から歩いて15分。川沿いに広がる緑地のそばに、低層のマンションが連なっている。8棟からなるこのマンション、実は3つの行政区にまたがっている。東京都世田谷区と狛江市、そして調布市だ。

かつてこのマンションを巡って、世田谷区と狛江市が激しい火花を散らした。何があったのか。当時の新聞を振り返ってみよう。

「境界上マンション争奪戦」。2002年7月29日付の日本経済新聞は、両者の争いを伝えている。両者の主張は真っ向から対立した。

事の発端は、不動産会社が世田谷区に住居表示申請を行ったこと。「世田谷区成城」のブランドで売り出すためだ。おさまらないのは狛江市だ。2棟の住民が支払う予定の住民税はなんと年間5000万円もあり、見過ごすわけにはいかないと強く反発した。

8棟のうち2棟は大半が狛江市側にある。狛江市はこれをもとに、帰属権を主張した。一方の世田谷区は玄関の位置が

世田谷区と狛江市の境界であることを示す境界標。
右が世田谷区、左が狛江市のもの

同区にあることを理由に世田谷区と認定した。それぞれ住民基本台帳法、住居表示法が根拠だ。

両者の話し合いは紛糾したが、最終的には世田谷区とすることで決着した。住民税は世田谷区に入るものの、両市区にまたがる緑地の管理を世田谷区が行うこと、不動産会社が周辺整備に協力することなどで狛江市が折れた。調布市は含まれる面積がわずかなため、特段問題視していなかった。

マンション周辺を歩いてみると、そこかしこに境界を示すものがあった。緑地や道路には「狛江市」「世田谷区」と書

世田谷区と狛江市の境界付近には「河川管理境界」と書かれた看板があった

かれた石が埋め込んである。境界標などと呼ぶらしい。矢印で境界を主張していた。川辺にも「河川管理境界」と書かれた看板があった。ちょうどこのあたりが境界のようだ。

ごみの出し方、区で違う

世田谷区と狛江市。境界をまたぐことで変わるのは住所だけではない。行政サービスも違ってくる。

典型がごみ収集だ。この地域の世田谷区側では現在、可燃ごみが火曜日と金曜日だが、狛江市側は月曜日と木曜日だ。しかも狛江市ではごみは有料で、市が指定する袋に入れなければ回収されない。家庭ごみの場合、いずれも10枚で5ℓ入りが100円、10ℓが200円などとなっている。どちらの行政区に入るかは、暮らしに大きく影響するのだ。

ごみ出しルールが違うのは、区と市にとどまらない。東京23区内であっても、ごみの出し方は微妙に違う。中でも違いが出るのがプラスチックごみ（廃プラ）の出し方だ。

23区ではプラスチックごみの扱いは大きく3つに分かれる。①原則可燃ごみ ②原則資源ごみ ③プラマーク付きは資源、ほかは可燃ごみ――だ。①の可燃ごみ派は文京区や世田谷区、渋谷区など。②の資源ごみ派は千代田区と港区だけ。③は中央区や新宿区、目黒区などとなっている。

かつて23区ではプラスチックは不燃ごみだった。しかし最終処分場の容量不足を背景に、東京都が２０１０年までに廃プラの埋め立てをゼロにする計画を策定し、各区に対応を迫った。そこで世田谷区など11区は焼却処分して熱を発電などに利用する「サーマルリサイクル」に舵を切った。

一方、中央区など10区はプラマークのついた容器や包装などを資源として再利用している。ただしＣＤケースやハン

区で違うプラスチックごみの扱い

原則可燃ごみ	プラマークは資源、それ以外は可燃ごみ	原則資源ごみ
文京区	中央区	千代田区
台東区	新宿区	港　区
墨田区	江東区	
大田区	品川区	
世田谷区	目黒区	
渋谷区	中野区	
豊島区	杉並区	
北　区	練馬区	
荒川区	葛飾区	
板橋区	江戸川区	
足立区		

ガーなどは可燃ごみに分類した。

これに対して港区と千代田区では原則的にプラスチックを回収してリサイクルしている。ハンガーやCDケースも回収している。千代田区では当初はプラマークのみ回収していたが、「2012年から範囲を拡大した」（千代田清掃事務所）。こうした対応の違いは、各区の財政力などが背景にあるようだ。ちなみにペットボトルや食品トレーは大半の区が資源として回収している。

公園の数が多いのは練馬区、広さでは千代田区

暮らしにまつわる施設やサービスは、区によって大きく違う。例えば公園。東京都の公園調書によると、最も数が多いのは練馬区で688カ所（2018年4月1日時点）。世田谷区、大田区が続く。1人あたりの広さで見ると、日比谷公園がある千代田区が断トツで27㎡ある。江戸川区と江東区が続いている。

23区では、公園でのキャッチボールを規制している区が多い。多くは一部の公園に「キャッチボール場」を設置し、日時を区切って開放している。中央区や新宿区などがこの方式を採

用している。

2012年まで全面禁止だった千代田区では2013年春、「子どもの遊び場に関する基本条例」が施行された。各公園で週1日、2時間程度だが、キャッチボールだけでなくサッカーもできるようになった。区によって公園の使い方も違ってくる。

図書館はどうだろう。東京都公立図書館調査（2018年）によると、公立図書館の蔵書が最も多いのが杉並区で224万冊と、千代田区や墨田区の実に4倍以上だ。千代田区は人口が少ないため人口比ではそれほど少なくないが、墨田区は人口比で見ても杉並区の半分以下となっている。

安全面は？　警視庁の統計によると、2018年に交通事故が最も多かったのは世田谷区で2052件だった。江戸川区、足立区が続く。文京区の405件などと比べると桁違いに多い。区の面積の広さ、幹線道路の有無なども影響しているようだ。

ただ、1㎢あたりの件数で見てみると、事故が最も多いのは中央区だった。1㎢あたり80・61件と、世田谷区の35・35件の2倍以上ある。2位が台東区で74・88件、3位が港区の59・84件だった。

自転車事故だとどうか。件数だとやはり、江戸川区と世田谷区が多かった。だが1㎢あたりだと最も多いのは台東区で32・34件となる。中央区、荒川区、豊島区、港区がトップ(ワースト)5だった。

自転車返還費用にも差が――2000~5000円

ふだんあまり意識しない23区の境界線。それを逆手にとった場所がある。JR飯田橋駅のすぐそばにある複合ビル、飯田橋セントラルプラザ1階。吹き抜けのホールだ。

その名も「区境ホール」。床には「CHIYODA」「SHINJUKU」と書かれた金色のプレートが埋め込まれていた。ここは千代田区と新宿区の境界線なのだ。イベントなどに使われている。

ビルの管理会社に聞いたところ、竣工当時からこの名前だったという。堀を埋め立てた場所に建てたこのビルは、ちょうど境界線上に位置していた。なんとも遊び心のあるネーミングだ。

境界をまたぐことで不便はないのだろうか。管理会社によると、駅寄りの住居棟が千代田区で、事務棟が新宿区に属している。境界線上には住居や店舗はなく、問題はないとのことだった。

ただ、ビルを出たところで思わぬ「境界」に出合った。ビルの周囲には駐輪場があるのだが、千代田区が管理する場所と新宿区が管理する場所に分かれていた。いずれも登録制で、未登録の自転車は定期的に撤去される。このときの返還費用が区によって違うのだ。

新宿区の場合は3000円。千代田区は2000円だ。もちろん、取りに行く場所も違う。迷惑駐輪はもってのほかだが、値段が違うとは知らなかった。

気になるので23区の返還費用をすべて調べて

飯田橋セントラルプラザには「区境ホール」という名のホールがある

みた。2019年4月時点で最も高いのは荒川区・北区・杉並区・墨田区・台東区・豊島区・中野区の5000円。最も安いのは千代田区・渋谷区・港区の2000円だ。中央区は2015年3月まではなんと無料だったが、同年4月から有料化に踏み切り、3000円を徴収している。

15→35→22→23→？ 変遷する区割り

東京は初めから23区だったわけではない。

東京に区ができたのは1878年（明治11年）のこと。東京府の市街地にまず15区が生まれた。神田区、日本橋区などだ。1888年（明治21年）には東京市となり、1932年（昭和7年）、周辺の町村を編入して35区となった。渋谷区や淀橋区、世田谷区などが加わった。

1947年（昭和22年）にはこれを22区に再編。同じ年に練馬区が板橋区から分離独立して今の23区になった。

落ち着いたようにも見える区の姿だが、2000年前後からたびたび再編論議が持ち上がっている。

森記念財団は1999年に23区を6つの特別市に再編する案を打ち出した。例えば「千代田市」は千代田区に文京区、台東区、荒川区、北区、足立区を加えた範囲を設定。広域化を促した。2006年には東京都と特別区長会が再編検討で合意するなど、機運が高まった。ただ、最近では再編論議は盛り上がってはいない。

暮らしと密接に関わる行政区の違い。隣の区と何が違うのか。改めて調べてみると、区政への関心も高まるかもしれない。

東京なのに電話番号は神奈川
——飛び地・県境のナゾ

東京都と隣県を隔てる境界線。ふだん意識することはあまりないが、線をまたぐと行政区域が変わり、受けるサービスやいざというときの連絡先が違ってくる。この境界線、建物の上を通っていたり、それまで川沿いだったのに突然、川を離れたりと一筋縄ではいかない。境界をまたぐ施設では「住所は東京都、電話番号は神奈川県」といった珍現象も起きている。

境界をまたぐ「巨人軍の練習場」での泥棒問題

東京都稲城市と川崎市の境界にまたがる遊園地、よみうりランド。広大な敷地内には遊園地のほか、病院や入浴施設、ゴルフ場などがある。実はこのよみうりランド、住所は東京都なのに電話番号は東京の03ではなく044、つまり川崎市の市外局番になっているのだ。どういうことか。運営会社に聞いてみた。

「本社の所在地が東京都稲城市にあるので住所は東京都になるのですが、遊園地の施設の大半は川崎市にあり、電話交換機があるので、市外局番は044になったようです」

ランド内の他の施設も同様だ。「よみうりランド慶友病院」では建物の中を境界線が通っているが、住所は東京都稲城市で電話は044となる。入浴施設「よみうりランド丘の湯」は完全に稲城市側に位置しているものの、電話番号はやはり044になっている。

よみうりランドにはもう一つ、地理上の不思議がある。川崎市側の敷地内になぜ

よみうりランドは東京都と神奈川県の境界線上にある

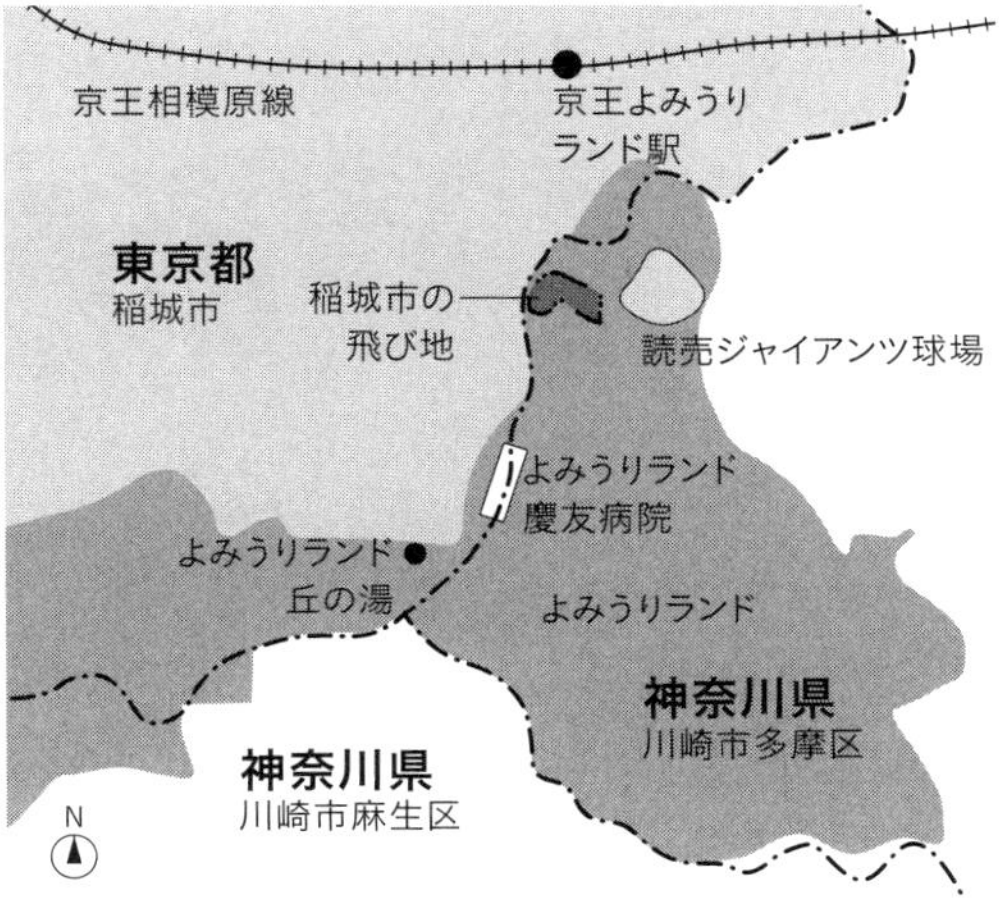

か、稲城市の飛び地があるのだ。さっそく、現地を訪れてみた。

遊園地の入り口から歩いて15分ほど。京王よみうりランド駅へと向かう道の途中に、その場所はあった。慶友病院の北側、読売ジャイアンツ球場の隣にあるその土地は、地図を見ながら歩かないとわからないほど微妙な位置にある。

地図と照合してみたところ、飛び地の大半は空き地になっていた。よみうりランドの臨時駐車場として、混雑時のみ使われているようだ。

それにしてもなぜ、こんな狭い飛び地が生まれたのか。稲城市など関係各所に

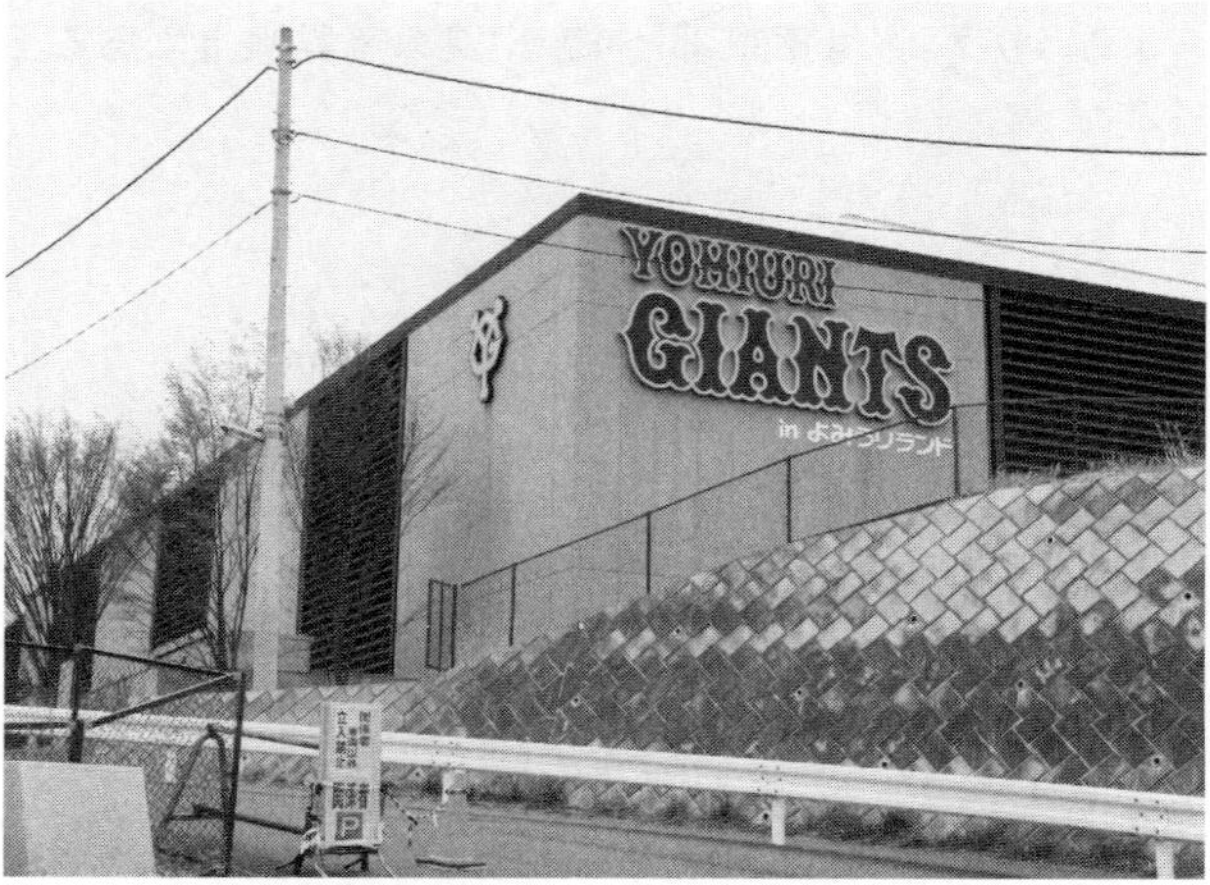

新設されたプロ野球・巨人の室内練習場。
隣には読売ジャイアンツ球場がある

尋ねたが、はっきりしたことは分からなかった。可能性としては「現・稲城市側の入会地《いりあいち》があった」「稲城市の地主が農地を持っていた」「明治後期に東京都と神奈川県を再編成した際、何らかの理由で取り残された」などの説があるという。

境界が入り組んでいることは、時に思わぬ混乱を招くことがある。現在は空き地となっている飛び地にはかつて、プロ野球・巨人の室内練習場があった。2002年（平成14年）、ここに泥棒が入ったのだ。

練習場の大部分は稲城市の飛び地にあったが、一部は川崎市にまたがってい

川崎市多摩区のよみうりランド敷地内にある東京都稲城市の飛び地。現在は混雑時のみ使う臨時駐車場となっていた

た。これが問題となった。泥棒が盗んだのは稲城市側にあるロッカーに入っていたグラブで、侵入したのは川崎市側の窓からだったのだ。当時の新聞によると、警視庁と神奈川県警がどちらも出動し、一時騒然となったという。

室内練習場は２００９年（平成21年）、川崎市側の敷地に倍の広さとなって新設された。飛び地は更地に戻り、臨時駐車場となっている。

町田駅前のヨドバシカメラ、店内に境界線

行政上の飛び地ではないが、川を隔てて飛び地状態になっている場所もある。東京都西部にある町田市は、境川を挟んで神奈川県の相模原市と向き合っている。川が境界線ならわかりやすいと思いきや、そうでもないらしい。地図をよく見てみると、あちこちで境界線が川をまたいでいるのだ。

典型的なのがＪＲ町田駅の南口だ。それまで川沿いに走ってきた境界線が突然上陸して駅方面に向かい、駅をかすめてまた川まで戻っている。本来ならすべて町田市となるはずの駅前の一部が、相模原市になっていた。

境界線は駅前にあるヨドバシカメラマルチメディア町田の店内を通っている。地図で確認するとちょうど駐車場のあたりに境界線があった。

休日にカーナビ付きの車で駐車場を走ってみた。境界線をまたぐたびに「神奈川県に入ります」「東京都に入ります」と音声が流れるかと期待したが、結果は残念ながら無音だった。メーカーによるのかもしれない。

それにしてもなぜ境界線が川から離れてしまうのか。相模原市に尋ねたところ、「昭和40年代に境川の流域変更を行ったことが原因」との答えが返ってきた。

境川はもともと、くねくねと蛇行した川だった。昭和40年代に入り、氾濫を防ぐ目的で河川を真っすぐに改修した。しかし境界線は古い川筋のまま残り、川の流れと境界線が一部で一致しなくなったという。

町田市と相模原市ではこの飛び地状態を解消しようと、境界線の見直し作業を進めている。地権者の同意を得て住所を変更していく作業だ。しかし境界変更は遅々として進んでいない。事業着手から既に20年ほどたっているが、「飛び地」の半分がまだ残っているという。

担当者によると、手続きが煩雑なことが住民に敬遠されているほか、「都民のままがいい」

という声もあるとか。現在相模原市に属している住民の間でも、市への愛着から変更に反対する声があるという。ゴミ収集場所が川の対岸にあるなど困っている人もいるものの、住民同士の意見が分かれて実現しないケースもあるようだ。

行政上の手間もある。マンホールや汚水管、雨水管などの下水道関連設備や橋、道路、公園などそれぞれの市が所有する財産の権利関係を処理する必要があるからだ。場所を確認し、状態をチェックして歩く作業にはかなりの時間がかかる。

とはいえ元を正せば行政の遅い対応が原因だ。河川の改修をした時に境界変更を実施していればこんなことにはならなかった。改修当時は住民がいなかったのだから。不作為のツケは大きい。

等々力・宇奈根・瀬田……多摩川を挟んで同じ町名

川を境界線とした地域では、川の両岸に同じ地名が存在することもある。

サッカーJリーグ、川崎フロンターレのホームスタジアム、等々力《とどろき》陸上競技場の住所は川崎市中原区等々力。しかし「等々力」といえば東京都世田谷区にもある。東急大井町線の等々力駅周辺だ。

川崎市中原区と東京都世田谷区。なぜ同じ地名があるのか。日本地名研究所編『川崎地名辞典』によると、元はどちらも荏原郡等々力村に属していた。江戸時代初期には、大きく蛇行していた多摩川に沿って南に張り出す半島状の土地だったという。しかし度重なる洪水や多摩川の改修によって川の流れが変わり、現在の川崎市側が飛び地化した。

それでも川を挟んで頻繁に行き来があったようだが、「1912年（明治45年）に多摩川を当時の東京府と神奈川県の境界と定めたことで、完全に分断されてしまった」（地図研究家の今尾恵介さん）。ちなみに等々力という地名は水流がとどろく音に由来するらしい。

東京都と神奈川県は多摩川をはさんで同じ地名がある

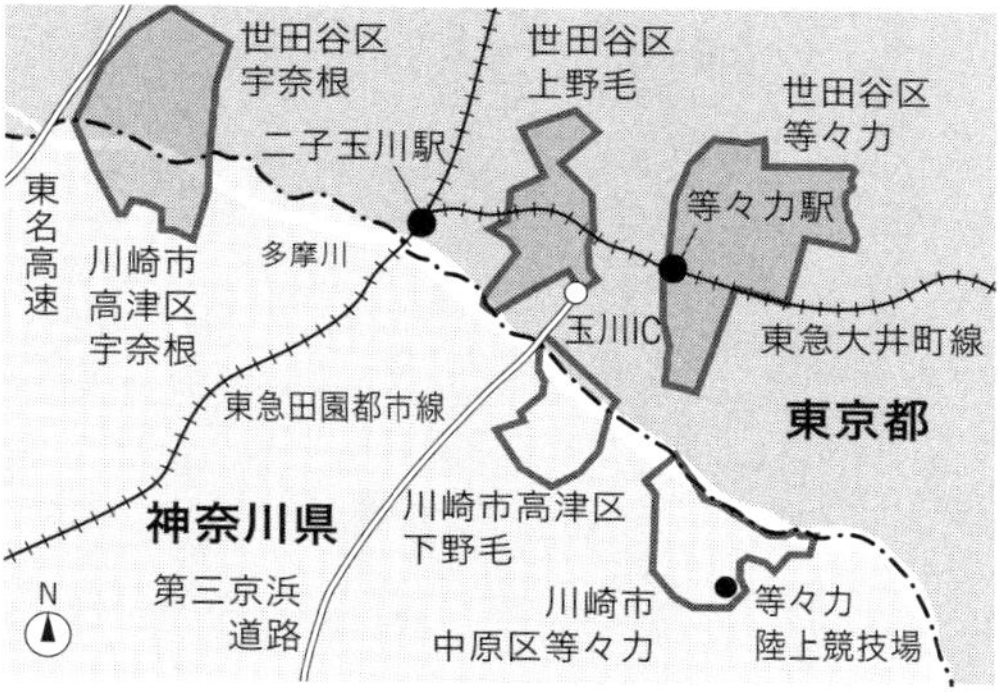

多摩川沿いにはほかにも同じ地名、似たような地名が点在している。

たとえば世田谷区と川崎市高津区には宇奈根、瀬田がある。世田谷区には上野毛、川崎市高津区下野毛とどちらも「野毛」を含む。大田区下丸子と川崎市中原区の上丸子、中丸子なども「丸子」でつながっている。いずれも元は同じ村に所属していたが、明治45年の府県境変更で分断された。

埼玉県にある練馬区の飛び地

最後に都県境をまたいだ飛び地をもう一つ。

東京都練馬区と接する埼玉県新座市には、練馬区の飛び地がある。その名も「西大泉町」。飛び地だけに与えられた地名だ。面積わずか0・002㎢。住民も十数人しかいない。

練馬区によると、飛び地ができた経緯は不明。ただし1974年（昭和49年）にはこの地を新座市に編入する方針を打ち出している。それが40年近くたった今も変わっていないのは、住民が反対しているからだという。

現地を歩いてみた。飛び地の周囲は閑静な住宅地で、この一画だけ東京都といわれてもぴんとこない。しかし道に置いてある消火器には「練馬区」と書いてあり、ここが飛び地であることが分かる。少し離れた場所には新座市所属の自治会の看板があり、住民の名前が1戸ずつ書いてある。看板をよく見ると、飛び地の一画だけはただ「東京都」と書いてあった。目には見えない境界線。そこでは複雑な事情が絡み合い、歴史が積み重なっている。たかが1本の線ではあるが、動かすのは容易ではない。

第4章

なぜ「ビルヂング」が消えるのか

丸の内から「ビルヂング」がなくなる日

オフィスビルが立ち並ぶ東京・丸の内。日本の近代化とともに歩んできたこの地で、ちょっとした変化が起きている。大正時代から親しまれてきた「ビルヂング」という名称が消え、新たに「ビルディング」として生まれ変わっているのだ。その経緯を探っていくと、丸の内を巡る大きなうねりが見えてきた。

10年間で14棟がビルディングに名称変更

東京駅を皇居方面に出ると、巨大なツインタワーがそびえ立つ。「丸ビル」と「新丸ビル」の名で親しまれている2つの高層ビルにはオフィスのほか、レストランやファッション店、雑貨店などが入り、連日多くの人でにぎわっている。

「丸ビル」「新丸ビル」という名前は略称で、登記上は「丸の内ビルディング」「新丸の内ビルディング」という。東京の顔ともいえる存在だが、実は2002年に建て替えるまで、丸ビルには別の名前がついていた。ご存じの方も多いだろう。そう、「丸ノ内ビルヂング」だ。丸ビルを含め丸の内に多くのオフィスビルを所有する三菱地所では、これまで使っていた「ビルヂング」という名称を2002年以降、建て替え時に「ビルディング」に切り替えていく方針で進めている。

三菱地所によると、2002年以降、14棟の「ビルヂング」が「ビルディング」へと生まれ変わった。大ヒットしたTVドラマ「半沢直樹」で東京中央銀行京橋支店のロケ地として使われた日本ビルヂングも解体が始まった。

2019年5月時点で丸の内周辺に残っている「ビルヂング」は11棟ある。

2002年当時はビルヂングを冠したビル

丸の内・大手町に残る「ビルヂング」

	ビル名	竣工年
①	大手町ビルヂング	1958（昭和33）年
②	新大手町ビルヂング	1958（昭和33）年
③	新東京ビルヂング	1963（昭和38）年
④	新国際ビルヂング	1965（昭和40）年
⑤	有楽町ビルヂング	1966（昭和41）年
⑥	国際ビルヂング	1966（昭和41）年
⑦	新有楽町ビルヂング	1967（昭和42）年
⑧	三菱ビルヂング	1973（昭和48）年
⑨	有楽町電気ビルヂング	1975（昭和50）年
⑩	岸本ビルヂング	1980（昭和55）年
⑪	新日石ビルヂング	1981（昭和56）年

が30棟ほどあったが、20年足らずでほぼ3分の1に減ったことになる。残った11棟はどうなるのか。再開発の計画は未定だが、築年数が長い物件が多く、いずれは建て替えとなる公算が大きい。

なぜ、名前を変えるのか？　三菱地所に聞くと、「旧丸ビルの建て替えを皮切りに、丸の内再開発の第一ステージが始まりました。これを大きな区切りととらえたのです」との答えが返ってきた。旧丸ビルを建て替えるときには様々な議論があった。丸の内を生まれ変わらせる、という意気込みが、名称変更につながったようだ。

今も残る「ビルヂング」の表記

欧州風から米国風へ――ビルヂングは街づくりの象徴

そもそも同社の物件はなぜ「ビルヂング」なのだろう。歴史をひもとくと、「ビルヂング」の登場もまた、大きな転換点となっていた。

明治維新以降、現在丸の内がある場所は官有地として陸軍省などが管理していた。1890年（明治23年）、岩崎弥太郎の弟で三菱2代目社長の岩崎弥之助が一帯の払い下げを受けたのが、丸の内の歴史の始まりだ。当時はまだ草ぼうぼうの土地で、「三菱ヶ原」ともいわれた。

1894年（明治27年）には丸の内で最初のオフィスビル「三菱第一号館」が完成し、第二号館、第三号館と続いた。英国の建築家、ジョサイア・コンドルが設計した赤レンガ造りの建物が並ぶこのエリアは、街区がちょうど100m（一丁）だったことから「一丁倫敦（ロンドン）」と呼ばれた（三菱地所編『THE丸の内　100年の歴史とガイド』より）。

大正時代に入ると、より近代的で機能的なオフィスビルが求められるようになってきた。その先駆けとなったのが1918年（大正7年）竣工の「東京海上ビルディング」だ。装飾性を重視した欧州式から外観をシンプルにまとめた実用重視の米国式へと転換したビルといわれている。東京海上の社史によると、日本で「ビルディング」という名称を使ったのはこれが初めてだという。

「丸ノ内ビルヂング」が登場するのはそれから5年後の1923年（大正12年）2月、関東大震災の直前のことだ。米国式の大規模ビルで、初めて建物内に商店街ができたビルでもあった。

「東京海上ビルディング」と「丸ノ内ビルヂング」が並ぶエリアは「一丁紐育（ニューヨーク）」と呼ばれ、それまでの「一丁倫敦」とは違う、新しい東京を象徴する街並みとし

1991年当時、丸の内には「ビルヂング」が30棟以上あった

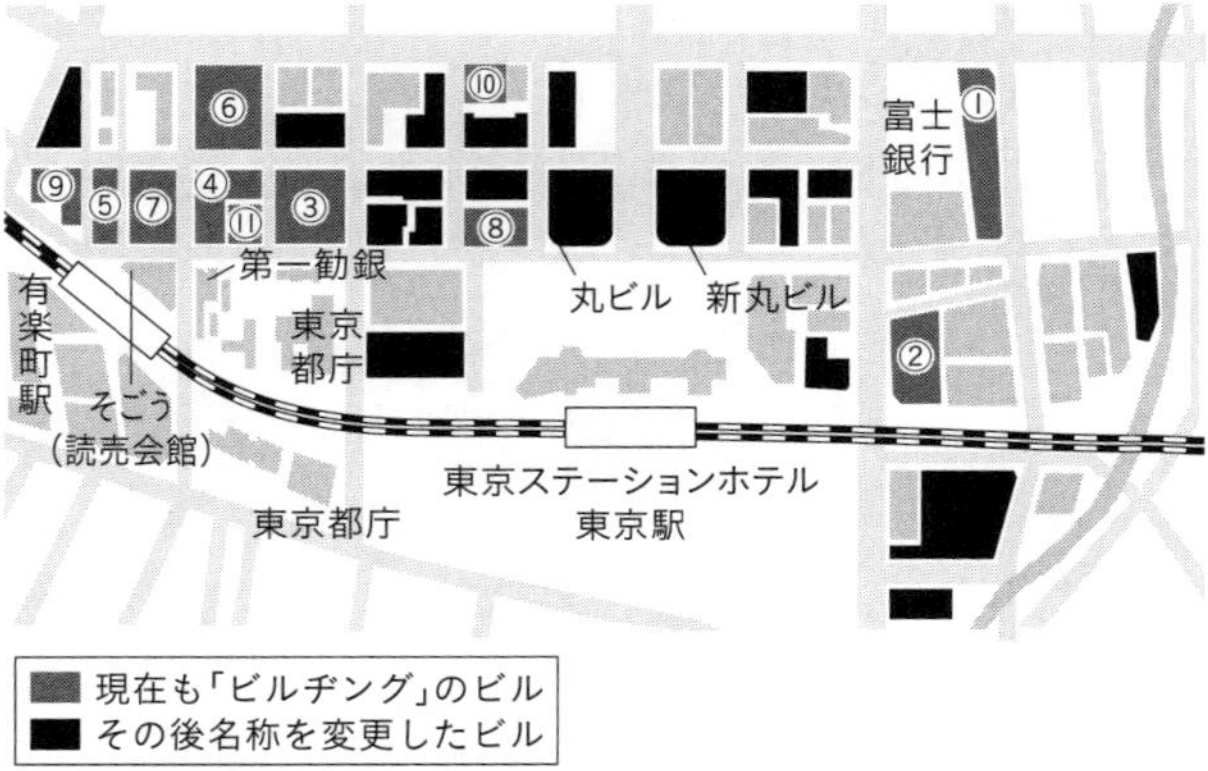

（注）1991年当時の地図を基に作製

て話題を集めた。三菱地所の担当者は「欧州式から米国式への転換点という意識が、それまでの三菱第何号館という名前から『ビルヂング』への名称変更につながったのではないか」と話す。「丸ノ内ビルヂング」以降、同社が建てるビルは「ビルヂング」が基本となった。

では、同社所有のビル以外でもビルヂングの名称は存在するのだろうか。1930年（昭和5年）に丸の内周辺のビル所有者が集まってできた「ビルヂング茶話会」にルーツを持つ日本ビルヂング協会連合会（東京・千代田）に聞いてみたところ、「ありますが数は少ないですね。棟数では三菱地所系の物件が圧倒的です」とのことだった。

ビルヂングの表記、ローマ字方式が影響？

ところで、なぜ「ビルジング」ではなく「ビルヂング」だったのか。三菱地所の担当者に尋ねると、「はっきりとは分かりませんが、当時の表記だったのではないでしょうか。『di』を『ヂ』と書いていたようです」とのこと。ローマ字の世界ではちょうどそのころ「日本式」と呼ばれる表記法が広がっていた。「日本式」では「ヂ」は「di」、「ジ」は「zi」で表す。このため「ヂ」の方がふさわしい、と判断したのかもしれない。

ただ、当時は必ずしも表記が人々の間に浸透していたわけではなさそうだ。「丸ノ内ビルヂング」の竣工を伝える当時の新聞には「食ふ物　買ふ物　何でも彼でも御意のまま　すこぶる便利にでき上がった丸の内ビルデイング」との見出しが躍っている（1923年1月27日付「東京日日新聞」）。「イ」は小さい「ィ」ではなく、大きい「イ」になっている。一足先に完成した「東京海上ビルディング」が「ビルディング」と名乗っていることを考えると、「building」に当てるカタカナは、まだ定まってはいなかったようだ。

ちなみに、丸ビルは「○○ビル」という呼び方が生まれた場所でもある。岡本哲志著『「丸の内」の歴史　丸の内スタイルの誕生とその変遷』（ランダムハウス講談社）によると、「ビルヂング」や「ビルディング」を「ビル」と略すようになったのは「丸ビル」が最初だったという。それだけ人々の関心を集めたということでもある。

丸ビルは開業後、東京の新名所として親しまれた。観光バスのコースにもなった。近代的なビルは物珍しく、三菱地所では「安全第一ビルヂング読本」を作成したほど。その中身はというと――。

第1　玄関の巻
なるべく靴か草履で入ること
第2　昇降機の巻
乗るときには、必ずボタンを押すこと
第3　廊下の巻
右側に用のある人でも、そこの前までは必ず左側を歩くこと
第4　便所の巻
男子は男子用の便所に、婦人は婦人用の便所に入ること

……など全13章にわたって心得が書いてあった。これを読むと、当時、ビルがいかに珍しかったかがわかる。

羽田空港を管理するのは日本空港ビルデング

名前に注目して丸の内を歩いてみた。「ビルヂング」の表記を探してみたが、以前と比べるとずいぶん減った印象だ。建物の外に「○○ビルヂング」と書いてあっても、中に入ると

案内表示板などの表記はほとんどが「〇〇ビル」となっている。

なぜか。三菱地所によると、「実は丸ビル建て替え以降、『ビルヂング』も『ビルディング』も対外的には『ビル』で統一しているんです」という。登記上は「ビルヂング」が正式名称だが、パンフレットや表示板などは「ビル」に変更したという。名称変更による混乱を避けるためだとか。

ちなみに三菱ビルヂングではビルの正面に「三菱ビルヂング」というプレートが掲げられていたが、地下鉄二重橋駅前にある地図には「三菱ビルディング」と表記されていた。関係者の間でもあまり意識はされていないのかもしれない。

表記に思いを馳せながら「ビルヂング」のプレートを眺めていたら、後ろを歩く男女の会話が耳に飛び込んできた。

「ビルヂングって古い響きだよね。昔の人は『ディング』って発音しにくかったのかなあ」「そういえばディスコをデスコって話す年配の人、いるよね」

会話を聞いて考えた。ディスコをデスコというのなら、「ビルディング」ではなく「ビルデング」という名前もあるのだろうか？　日本ビルヂング協会連合会に聞いてみた。

「あります。わかりやすいところでは、羽田空港の国内線ターミナルビルを運営している会社の名前が『日本空港ビルデング』といいます」。さっそく電話してみると、担当者が答えてくれた。「ターミナルビルの正式名称は『第1旅客ターミナルビル』と『第2旅客ターミナルビル』で『ビルデング』ではありません」。どうやら「ビルデング」は社名だけのようだ。

ところで日本空港ビルデングの東京事務所は丸ビル内にある。新しくなった「丸の内ビルディング」だ。実は数年前まで東京事務所は大手町にあった。ビルの名は「日本ビルヂング」。再開発で日本ビルヂングが閉鎖されるのを機に、丸ビルに移ってきた。「ビルデング」が「ビルヂング」から「ビルディング」に移動したわけだ。

「大名古屋ビルヂング」だけは変えない

三菱地所は丸の内だけでなく、全国各地にオフィスビルを所有している。それらの名前も「ビルヂング」だ。中でも有名なのは名古屋駅前にそびえる「大名古屋ビルヂング」だろう。いくぶん時代がかった名前は、名古屋の象徴として親しまれてきた。

同社では丸の内以外でも、ビルヂングをビルディングに変更する方針だ。ただし「大名古屋ビルヂング」だけは例外扱いとなった。２００９年に再開発計画を発表した時点では名称変更する予定だったが、長年愛された名前だと地元から強い要請を受け、方針を変更。２０１２年に名称を引き継ぐと発表した。名古屋駅前のランドマークという事情も考慮したようだ。

丸の内でも1カ所だけ、ビルヂングの名前が再開発後も残る場所がある。ビルヂング生みの親、三菱地所の本社が入る大手町ビルヂングだ。築40年を過ぎ再開発が噂されていたが、解体はせず、低層のまま修復することになった。２０２１年3月にはリノベーションが終了予定という。そこで三菱地所にビル名はどうするのか聞いてみたところ、「今回は建て替えではないので名前は変えない」との答えが返ってきた。

ただし東京の場合、「○○ビルヂング」というより「○○ビル」として認識されることが多い。大手町ビルヂングも一般的には「大手町ビル」の方が通りがいい。ビルヂングの名は、人々の記憶からも徐々に消えゆくことになりそうだ。

レトロな響きがあるビルヂングに対して、最近のオフィスビルでは「グランキューブ」「ミライナ」「ガーデン」「テラス」などが目に付く。流行の裏には何があるのか。

「東京ガーデンテラス」「テラススクエア」「東京スクエアガーデン」……。ここ数年、東京にできたオフィスビルや複合施設の名前だ。それぞれどこにあるか、わかるだろうか。

答えは順番に、紀尾井町、神田錦町、京橋。東京ガーデンテラスは正式名称が「東京ガーデンテラス紀尾井町」だが、紀尾井町を省くこともある。

似たような名前のビルやマンションは多い。例えば「東急スクエアガーデンサイト」は東京・田園調布にあるショッピングセンターだ。「ガーデン

「○○ビル」という名称は年々減ってきた

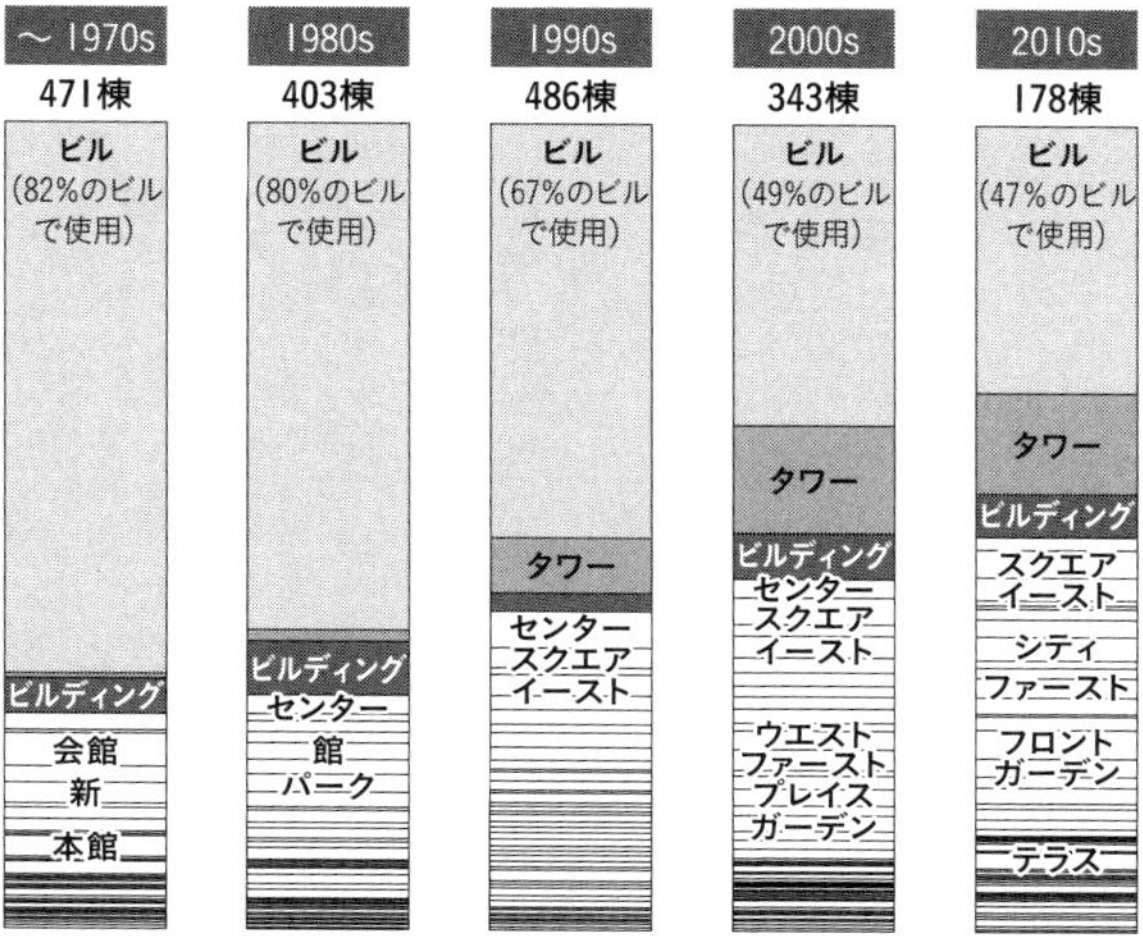

(三幸エステート調べ)

スクエア」や「テラスガーデン」という名前のマンションもあちこちに見つかった。何ともややこしい。

オフィス仲介大手、三幸エステート（東京・中央）執行役員の林幹夫さんによると、最近のビル名で増えてきたのは「テラス」「フロント」「ガーデン」だという。

林さんは同社の膨大なデータベースを使って、オフィスビルの名称分析を行った。ビル名に使われている言葉を分解し、どの言葉が多いかを年代別に検証したのだ。対象にしたのは東京23区内のビルで、基準階の貸室面積が200坪以上の大規模ビルと、50~199坪の大型・中型ビル。ここでは主に大規模ビルについて見ていこう。

「ポート」と「ピア」は、90年代限定の流行だった

まず目に付くのが「ビル」の減少だ。1980年代までは8割以上が「〇〇ビル」だったが、1990年代から多様化が進み、2000年代には半数を切った。

「ビル」以外の名称を見ていくと、1980年代までは漢字名が多い。「会館」「本館」「第一」「新」「国際」などだ。90年代になると、ビル名は一気に多様化した。この時代を彩るの

1970年代は漢字名が多かった

～1970s	
471棟	
ビル	385
ビルディング	24
会館	24
本館	16
新	15
センター	13
館	9
号館	9
第1	9
プラザ	8
別館	6
タワー	3
パーク	3
新館	3
アネックス	3
国際	3
中央	3
ビルヂング	3

1980s	
403棟	
ビル	322
ビルディング	34
センター	12
館	11
パーク	11
新	10
号館	9
会館	7
プラザ	7
第1	7
タワー	6
イースト	6
本館	6
ツイン	6
スクエア	5
セントラル	5
新館	5
アーバン	5
ウエスト	4
国際	4
シティ	3
グラン	3

（三幸エステート調べ）

が「ポート」「ピア」といった名前だ。それぞれ2000年代以降は大幅に減っており、「この時期ならではの名称」（林さん）という。

1990年代といえばバブル末期。林さんは「ウォーターフロントがはやったことで、湾岸のイメージがある言葉が好まれたのではないか」と分析する。

このころから増え始めたのが「タワー」だ。1980年代まではほとんどなかったが、1990年代には全体の9％、2000年代と2010年代には18％を占めるなど、高層ビルの代名詞として定着した。「六本木ヒルズ森タワー」や「ミッドタウンタワー」が登場したのも2000年代だ。

2010年代は「フロント」「シティ」「テラス」「ガーデン」が伸びた。データに地名は含まれていないが、林さんによると「東京」を冠したビルも目立つという。東京の人には場所が分かりにくいが、海外への発信を意識しているようだ。

ビルの名前はイメージ戦略でもある。林さんは「名前の意味に合わないものも一部にある」と苦笑する。「もともとフロントは駅前の意味だったが、最近は違うケースも出てきた。テラスがないのにテラスを名乗るビルもある」

スクエア・フロントなどが最近の人気

1990s 486棟	
ビル	324
タワー	43
センター	28
スクエア	17
イースト	16
ビルディング	14
シティ	12
館	11
パーク	11
プラザ	9
ウエスト	8
ポート	8
セントラル	7
サイド	7
サウス	7
号館	6
ファースト	6
ピア	6
会館	5
アーバン	5
ゲート	5
コート	5
ビジネス	5
ウイング	5
ヒルズ	4
新館	4
ツイン	4
別館	4
アネックス	4
ノース	4
本館	3
第1	3
プレイス	3
フロント	3
ガーデン	3
オフィス	3
インター	3
グリーン	3
リバー	3

2000s 343棟	
ビル	168
タワー	61
ビルディング	26
スクエア	16
イースト	12
ファースト	11
センター	10
ウエスト	10
プレイス	9
ガーデン	9
館	8
新	8
号館	8
シティ	8
サイド	8
会館	6
フロント	6
パーク	5
サウス	5
ヒルズ	5
グラン	5
ゲート	5
プラザ	4
マーク	4
セントラル	3
ノース	3
オフィス	3

2010s 178棟	
ビル	83
タワー	31
ビルディング	13
スクエア	9
フロント	9
シティ	8
イースト	7
ファースト	6
ガーデン	6
テラス	6
パーク	5
セントラル	5
ヒルズ	5
センター	4
新	4
プレイス	4
ウエスト	3
サウス	3
アーバン	3
グラン	3
オフィス	3
クロス	3

（三幸エステート調べ）

例えば2011年に完成した「新宿フロントタワー」。新宿駅からはやや離れているが、「新宿エリアの最前線に立地し、地域のランドマークとなる」ことからフロントと命名された。

林さんが最近注目しているのが、日本語をベースにした造語の名前だ。「ヒカリエ」「ミライナ」が代表格。ビル名ではなく商業施設名だが「キッテ」や「オーテモリ」もこの路線だ。イメージしやすく、かつ覚えやすい。まねをされる心配も少なそうだ。

秋葉原のラジオ会館、店舗変遷が映す激変史

秋葉原で長年、象徴的存在だった駅前の商業ビル「秋葉原ラジオ会館」。2014年（平成26年）に建て替えられ、当時は4000人ものファンが列をなした。「秋葉原の顔」といわれ、戦後の秋葉原の歩みを見続けてきたラジオ会館。その店舗構成の変遷を見ると、闇市から電気街、そしてサブカルチャーの街へと劇的に変化してきた秋葉原の歴史が見えてくる。

ラジオ会館は「パソコン発祥の地」

秋葉原ラジオ会館は1950年（昭和25年）に開業した。当初は木造2階建てで、1階に真空管や部品などを扱うテナントが入っていたという。ちょうどGHQ（連合国軍総司令部）の露店撤廃令で行き場を失った露店が、移転先を探していた時期だった。

1962年（昭和37年）、会館の南側に8階建てのビルが建つ。秋葉原電気街初の「高層

ビル」だった。１９７２年（昭和47年）には会館自体を建て替え、南側のビルと合体して８階建ての秋葉原ラジオ会館本館が完成する。これが長らく「ラジ館」として親しまれてきたビルだ。当初は無線やラジオの部品を扱う店が大半を占めていた。

転機が訪れたのは１９７６年（昭和51年）。ＮＥＣがマイクロコンピューター＝マイコン普及の拠点として、「ビットイン」をラジオ会館７階に開いたのだ。

ちなみにマイコンとは今でいうパソコンのこと。７階フロアには長らく「パーソナルコンピュータ発祥の地」というプレートが飾ってあった。マイクロコンピューター

秋葉原ラジオ会館

店舗の移り変わり(1984年→91年)

階数	1984年	1991年7月
8F	秋葉原ラジオ会館、ラジオ会館ホール、西東書房	秋葉原ラジオ会館、ラジオ会館ホール、西東書房
7F	NEC　BIT－INN、マイコンスーパーグレイン、日立マイコンセンターGAIN、秋葉原BYTE SHOP KOYO、富士音響マイコンRAM、エフ商会	NEC　BIT－INN、スパーブレイン東海無線、日立マイコンセンターRAM、第一家電、パルテック、真光無線、エフ商会、ナダ無線
6F	真光無線、サトームセン、協栄電気、第一家庭電器、小沼電気	真光無線、サトームセン、富士通プラザ、協栄電気、第一家庭電器、小沼電気、メトロ電気商会、テレビイ商会
5F	真光無線、サトームセン、協栄電気、第一家庭電器	サトームセンパソコンランド、マイコンパルス、丸山無線、トモカ電気、佐伯無線、テレオン
4F	サトームセン、関東BYTEショップ、清進商会、木村無線、富士音響、三栄無線、東海オーディオ、若松通商	サトームセン、パスカル、清進商会、木村無線、富士音響テープセンター、三栄無線、若松通商、丸善無線、ナダ無線、コトブキ
3F	サトー無線、第一家庭電器	サトー無線、第一家庭電器
2F	真光無線、サトームセン、第一家庭電器、光陽電気、丸山無線、大洋無線、花房電気	真光無線、サトームセン、第一家庭電器、光陽電気、丸山無線、大洋無線
1F	真光無線、小沼無線、サトームセン、第一家庭電器、トモカ電気、丸山無線、佐伯無線、テレオン、タイヨー無線、山本無線、コトブキ無線、ナダ無線、カブト電器、テレビ商会、十字屋	真光無線、小沼無線、サトームセン、第一家庭電器、トモカ電気、丸山無線、佐伯無線、テレオン、大洋無線、山本無線、コトブキ無線、ナダ無線、カブト電器、テレビイ商会、十字屋

※店舗名はゼンリン「住宅地図」を参照、年月は地図の発行日。

が正しい呼び名だが、1970年代後半には「マイコンピューター」の略という説もあったようだ。確かにこちらの方がパソコンのニュアンスに近い。

1976年から77年にかけて、日本ではマイコンブームが到来した。76年、NECのマイコン「TK—80」が大ヒットし、当時としては異例の6万台を売った。同年には西和彦氏らが日本初のマイコン専門誌「I／O（アイオー）」を創刊。西氏らが「月刊アスキー」を出したのは翌77年のことだ。

1970年代後半、マイコンブーム到来

ラジオ会館では、NECの進出以降、マイコン関連の店が急速に増えていく。ゼンリンが発行する「住宅地図」には、巻末にビルやマンションの入居者名が一覧で載るコーナーがある。国会図書館で過去の秋葉原の住宅地図を調べてみると、1984年（昭和59年）以降の地図にテナント名が載っていた。さっそく変化を追いかけてみた。

84年時点で目立つのはやはり、「マイコン」だ。NECのほか、マイコンスーパーグレイン、日立マイコンセンターGAIN、富士音響マイコンRAMなどそれらしき名前が並ぶ。

秋葉原ＢＹＴＥ　ＳＨＯＰ　ＫＯＹＯ、関東ＢＹＴＥショップもそうだろう。

これが１９９１年（平成3年）になると、サトームセンパソコンランドが登場する。日立マイコンセンターＲＡＭ、マイコンパルスなど「マイコン」も健在だが、パソコンへと進む流れを予感させる。

１９９８年（平成10年）1月発行の地図にはマイコンの文字がない。かろうじてマイクロコンピュータＳＨＩＮＫＯがあるのみだ。ほかは三菱パソコンプラザ、コンピュターボなどの名前になっていた。

ちなみに表としては載せていないが、１９９９年発行の地図を見ると、マイクロコンピュータＳＨＩＮＫＯが消え、シンコーとなっていた。名前からして同じ店だと思われる。ついにマイクロコンピュータ＝マイコンは完全に姿を消した。

きっかけは海洋堂の進出——１９９８年から激変

ラジオ会館は、ここから劇的な変化を遂げる。店の系統ががらりと変わったのだ。

いきなり飛ぶが、２００３年（平成15年）8月発行の地図を見てみよう。ボークス、イエ

店舗の移り変わり（1998年→2003年）

太字はフィギュア・アニメ系の店舗

階数	1998年1月	2003年8月
8F	イベントホール、西東書房、秋葉原ラジオ会館	秋葉原ラジオ会館、西東書房
7F	NEC　BIT－INN、NECシステムイン秋葉原、メモリディスカウントショップ、第一家電、フジオン、エフ商会、ナダ無線	**ボークス、イエローサブマリン**、エフ商会、アイティーエス、**ホビーベース**
6F	マイクロコンピュータSHINKO、サトームセン、PCワークショップ、ネットワークプロショップ、TOKAI	**ボークス秋葉原ショールーム**、東海無線、トモカ電気
5F	三菱パソコンプラザ、FIRST POINT、コンピュターボ、丸山無線、テレオン、佐伯無線、コム	**ホビーベース、イエローサブマリン、ケイ・ブックス**、丸山無線、テレオン、FIRST　POINT、PCテクノロジー、西川無線、佐伯無線、ナダムセン
4F	サトームセン、清進商会、キムラ無線、インパルス、三栄無線、若松通商、マルゼンムセン、フジオンPART4	**海洋堂ホビーロビー東京、イエローサブマリン、ホビーベース**、サトームセン、若松通商、清進商会、キムラ無線、インパルス、I.T.セキュリティー、アイティーエス
3F	サトー無線、第一家庭電器	**ケイ・ブックス秋葉原新館、リサイクルショップ　ケイ・ブックス**
2F	サトームセン、第一家庭電器、トモカ電気、光陽電気、KOYO、サウンドブティック超音波	トモカ電気、光陽電気、サトームセン、**キングスター、海洋堂ホビーロビー東京おかし館、永保堂**、マックスガレージ、セール東京店、マック商事
1F	ファーストポイント2、サトームセン、第一家庭電器、トモカ電気、テレオン、丸山無線、佐伯無線、TOKAI、オーディオヤマモト、山本無線、コトブキ無線、ナダ無線、アストップ	**アストップ**、トモカ電気、テレオン、丸山無線、佐伯無線、東海無線、PCテクノロジー、サトームセン、コトブキ無線、山本無線、ナダムセン、斉藤機工、KKテレオン

※店舗名はゼンリン「住宅地図」を参照、年月は地図の発行日。

ローサブマリンなど太字の店が増えている。太字は「フィギュア・アニメ系」の店舗を指す。それまで無線やオーディオ、家電やパソコン関連の店がほとんどだったのが、一気に塗り替わった。この間、何が起こったのか。

『趣都の誕生　萌える都市アキハバラ』（幻冬舎）の著者で秋葉原の歴史に詳しい明治大学国際日本学部の森川嘉一郎准教授は「１９９８年にフィギュアの専門店がオープンした時から急変が始まった」と話す。店の名は海洋堂。それまで極めてマイナーだったフィギュア市場が拡大し、その需要が秋葉原に集まったことが、ラジオ会館、ひいては秋葉原の変貌をも後押しした。

海洋堂の本社は大阪府門真市にある。東京進出は１９８４年（昭和59年）。当初は茅場町に店を構えた。１９８６年に渋谷に移り、ほぼ10年間を過ごす。秋葉原に移ったのは97年のことで、翌98年にラジオ会館に入った。ちょうどアニメ「新世紀エヴァンゲリオン」ブームのまっただ中。１９９７年に劇場公開されたこともあって、フィギュアが飛ぶように売れた。

海洋堂がラジオ会館４階に店を構えたのとほぼ同じころ、３階に同人誌やアニメグッズ専門店、ケイ・ブックスが開店する。その３カ月後には６階にボークスが登場。アニメキャラ

店舗の移り変わり（2011年→14年）

太字はフィギュア・アニメ系の店舗

階数	2011年	2014年
10F		イベントスペース、トモカ電気本社
9F		ビッグマジック、ファントム
8F	秋葉原ラジオ会館、西東書房、イベントスペース	ボークスホビースクエア秋葉原、**ボークスドールポイント秋葉原**
7F	**ボークス、イエローサブマリン、**アイティーエス、インパルス	**アゾンレーベルショップ秋葉原、ジャングル、FEWTURE SHOP AKIBA**、トレカパーク7
6F	トモカ電気、**ボークス**	**イエローサブマリン**
5F		**海洋堂ホビーロビー東京、TRIO、ロボットロボット、宇宙船、アキバのエックス**、清進商会、インパルス、若松通商
4F	**海洋堂ホビーロビー、イエローサブマリン、アゾンレーベルショップ、宇宙船**、インパルス、若松通商、キムラ無線	**ケイ・ブックス秋葉原本館**
3F	**ケイ・ブックス秋葉原新館・本館**	**ケイ・ブックス秋葉原新館**
2F	**イエローサブマリン、ホビーショップコトブキヤ、ハビコロ玩具**、ホビーステーション、I. T. セキュリティー、マックスガレージ、永保堂、トモカ電気	**ハビコロ玩具、アストップ**、ホビーステーション、永保堂、トモカ電気プロショップ
1F	**アストップ、ホビーショップコトブキヤ**、コトブキ無線、テレオン、丸山無線、佐伯無線、トモカ電気、山本無線、カードキングダム、マックスガレージ、FIRST POINT	ギフトショップThe Akiba、サンクス、カードラボ、トレカパーク1、UNiCASE、オンデーズナイン
B1F		銀座ライオン

（注）2011年は閉館直前の店内フロア図より（既に閉鎖した店を含む）、地上8階建てで地階と9階以上はなし

クターなどの人形や模型を販売するガレージキットの店だ。

１９９９年１月にはフィギュアや模型を売るイエローサブマリンが開店し、これらが中心となってラジオ会館の店舗が大きく変わっていく。森川准教授によると、２０００年末には会館の約半分をアニメやフィギュアなどの専門店が占めるようになったという。１９９８年までは１店もなかったことを考えると、変化の波はあまりに大きい。

そしてついに２００１年８月、象徴的な出来事が起こる。ＮＥＣビットインが閉店したのだ。跡地にはボークスが入居した。１９７６年の登場から四半世紀。新旧の主役交代を確認した瞬間だった。

ちなみに「パーソナルコンピュータ発祥の地」のプレートは、ビットイン閉店後も７階に飾ってあったが、２０１４年の建て替えで姿を消した。

サブカルと家電量販、主役交代の最前線

それにしてもなぜ、ここまで急激に店舗構成が変化したのか。森川准教授に聞いた。

「１９９７年前後のエヴァブームで関連業界が勢いづき、一等地に出店する体力がついたこ

と、逆に電器店が衰えラジオ会館から撤退したこと、の両面があります」

1997、98年といえば、金融危機が起きた時期。山一証券の廃業が97年だった。家電量販店業界ではコジマなど郊外型大型店とヨドバシカメラなどターミナル型大型店が台頭し、秋葉原の量販店は苦境に立たされていた。

住宅地図でラジオ会館の店舗名を追っていくと、2000年代に象徴的な出来事が続いた。2001年まで1階にあった第一家庭電器が、翌02年にはなくなっているのだ。1964年に家電量販として初の上場を果たし、一時は業界最大手となった同社だが、2002年に経営破綻した。

ラジオ会館のもう一つの顔だったサトームセンも、2006年に姿を消す。同社も経営不振からヤマダ電機に吸収され、秋葉原駅前にあった店舗は現在、ヤマダ電機になっている。ラジオ会館はまさに、家電業界の栄枯盛衰の最前線でもあったのだ。

では2014年の建て替えにはどんな傾向があるのか。店舗構成を見る限り、アニメ系の隆盛は変わらない。ただ会館に足を踏み入れてすぐ気がつくのは、一般向けの店が目立つ点。1階にはコンビニと土産店が入り、地下には銀座ライオンが入った。ラジオ会館史上、初めての飲食店だ。観光客やライト層を意識しているようにもみえる。

森川准教授は「2000年代中ごろにアキバブームが起こり、秋葉原は観光色が強くなりました。ラジオ会館1階の構成はその延長線上にあります」と分析した上で、今後は2020年の東京五輪に向けて、日本のサブカルのとらえ方が街に作用していく可能性がある、とみる。ラジオ会館のこれからは、サブカルの今後を読み解く上でも注目される。

変化を受け入れる街、秋葉原

秋葉原は昔から変化の激しい場所だ。江戸時代の大火、関東大震災、太平洋戦争と何度も焼け野原となり、そこから街をつくり直してきた。戦後、露天商から始まった電気街がサブカルの街に変貌したのも、秋葉原という街が持つ再生機能なのかもしれない。

ただ、交通の要衝であり、人やモノが集まる場所として栄え続けている点では変わらない。明治時代には伊勢丹がこの地で生まれた。中央線は東京駅発着ではなく、秋葉原にあった万世橋駅がターミナルだった。貨物駅があり日本通運の本社が置かれるなど物流の拠点でもあった。昭和期には青果市場があり、東京都民の胃袋を支えた。あまり関係ないが、ラジオ体操会も秋葉原生まれだ。

そんな秋葉原の変化を象徴するのがラジオ会館だ。森川准教授は語る。「中央通りは土地が細切れで大規模開発が起こりにくい半面、新興の業種が入り新陳代謝が起きやすい。ラジオ会館のフロアも同じ構図で、ラジオ会館は秋葉原の縮図ともいえます」

新陳代謝を繰り返し、時代の空気を映し出す。秋葉原が持つパワーの源泉は、変化を受け入れたことにあるのかもしれない。

AKBは秋葉原、では赤羽は？
――駅ナンバリングの法則

東京五輪に向けて、外国人にも分かりやすい表示が広がっている。その1つが駅の案内標識だ。アルファベットと番号を組み合わせた「駅ナンバリング」はどうやって決まっているのか。その法則と歴史を探った。

駅番号、「南西から北東」が基本です

2016年10月から導入されたJR東日本のナンバリングは、三層構造になっている。駅名と路線名、駅番号だ。駅名はアルファベット3文字で、同社は「スリーレターコード」と呼んでいる。路線名はアルファベット2文字で、駅番号は数字2桁だ。

スリーレターコードを表示するのは主要な乗換駅のみ。例えば東京駅は「TYO」、渋谷駅は「SBY」、新宿駅は「SJK」といった具合だ。

秋葉原駅はやはり「ＡＫＢ」だった。となると赤羽駅が気になるが、こちらはＡＫＢではなく「ＡＢＮ」となった。やはりＡＫＢとくればアキバ、ということだろうか。大崎駅は「ＯＳＫ」。大阪駅にはスリーレターコードがないので問題はないが、つい大阪と読んでしまう。

駅番号の振り方に何か法則はあるのだろうか。ＪＲ東に尋ねると、「基本的に南西から北東に向けて番号を付けています」との答えが返ってきた。

確かに、京浜東北線は大船駅が01で大宮駅が47と南西から北東に向かって付けられている。中央線・総武線各駅停車も三鷹駅から千葉駅に向けて番号が振ってある。ただし東海道線や中央線快速など一部例外もある。確認すると、「山手線は東京を起点に内回りで考えた」とのことだった。

それにしても南西から北東とは何か意味があるのだろうか。重ねて聞くと「東京メトロの振り方を参考にした」という。そこで東京メトロにも聞いてみたが、「２００４年に番号を

JR東の駅コード

東　京	TYO	大　崎	OSK
秋葉原	AKB	新　橋	SMB
池　袋	IKB	赤　羽	ABN
新　宿	SJK	浦　和	URW
渋　谷	SBY	横　浜	YHM

付けた時点でどんな理由があったのか、今では分からない」とのことだった。

２０２０年に開業予定の高輪ゲートウェイ駅はどうなのか。いきなり番号がずれるなんてことはあるのだろうか。

調べてみると、２０１６年にＪＲ東が駅ナンバリングを導入した時点で、「空き番」が作ってあった。山手線だとＪＹ２６、京浜東北線だとＪＫ21となる。さすが、用意周到だ。

新駅といえば東京メトロにも計画がある。日比谷線の虎ノ門ヒルズ駅だ。神谷町駅（Ｈ05）と霞ケ関駅（Ｈ06）の間に予定されているが、番号はどうなるのか？　東京メトロによると、虎ノ門ヒルズ駅が新たにＨ06となり、霞ケ関駅がＨ07、以下、北千住駅まで一つずつずれていくという。これはこれで仕方がない。

JR東の駅ナンバリング

東海道線	東京(JT01) 〜 大船(JT07)
山手線	東京(JY01) 〜 有楽町(JY30)
京浜東北線・根岸線	大船(JK01) 〜 大宮(JK47)
中央線快速・青梅線・五日市線	東京(JC01) 〜 武蔵五日市(JC86)
中央線・総武線各駅停車	三鷹(JB01) 〜 千葉(JB39)

今も残る「E電」、公募では20位なのに……

ところで、2016年にJR東が駅ナンバリング導入を発表したときの資料に気になる文言があった。駅ナンバリングを導入する対象駅について触れたところで、「電車特定区間（E電区間）の各駅へ導入します」とあるのだ。

E電区間？ そういえば聞いたことがあるが、今もあるのか？ 同社に尋ねると「以前公募で決めた愛称で、今も使っています」とのこと。世間では全く聞かなくなった名前だが、発表資料にも載せるくらいだから本当に使っているようだ。

「電車特定区間」とはそもそも、首都圏などでキロ当たりの運賃が安く設定された区間のことを指す。国鉄時代は「国電」と呼ばれていた。それ以前は鉄道省だから「省線」、さらにさかのぼると明治後期から大正にかけて「院電」だった。鉄道院に由来する。

1987年（昭和62年）の国鉄民営化に伴い、JR東は国電に代わる愛称を募集した。結果は①民電 ②首都電 ③東鉄――がベスト3となったが、選考委員会が選んだのは20位のE電だった。

同年5月14日付の日本経済新聞によると、当時の山之内秀一郎副社長は「E電はイーストのE、いい人のE、エンジョイのE、エネルギーのE」と期待をかけていた。

しかし公募結果とかけ離れたネーミングは、世間の不評を買った。石原慎太郎運輸相（当時）が「無神経なネーミング」と切り捨てたほか、国語審議会でもケチがつくなど散々で、1990年（平成2年）8月9日付日本経済新聞夕刊では「もはや死語」とまで指摘されていた。それだけに、この資料には驚いた。

それにしても、公募で130位にもかかわらず駅名に決まった高輪ゲートウェイといいE電といい、公募を無視するようなやり方は同社の

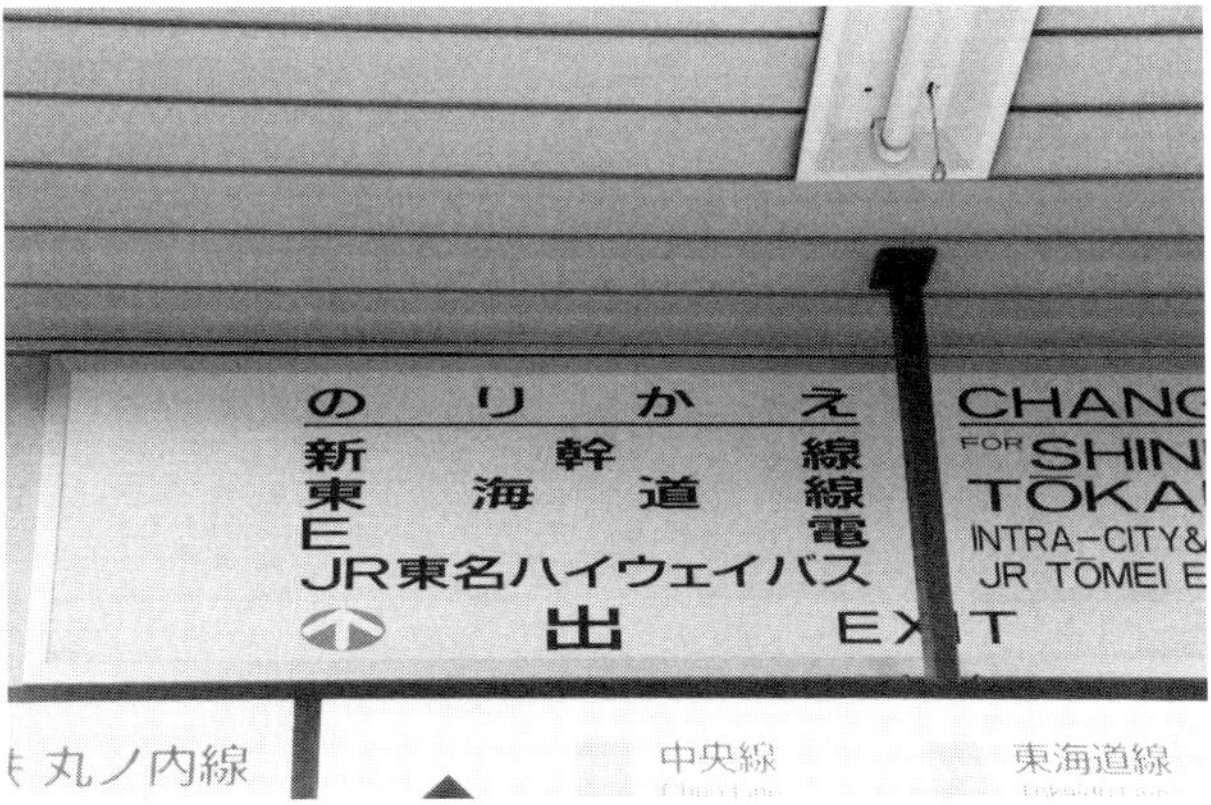

東京駅の総武線地下ホームには今も「E電」の表記が残る

「常識」なのだろうか？

半蔵門はZ、ゆりかもめはU……重複回避に知恵

駅ナンバリングは1984年（昭和59年）、長崎電気軌道が導入したのが国内では最初とされる。2002年（平成14年）に横浜市営地下鉄、2004年（平成16年）に東京メトロが始めたことで一気に広がる。2002年のサッカーワールドカップ日韓大会が契機となった。

ナンバリングが広がってくると、問題になるのが重複だ。路線が多い首都圏では顕著で、各社はそれぞれ工夫を凝らしている。

例えば東京メトロでは、半蔵門線はHではなくZとなっている。ローマ字表記は「Hanzomon」ではあるが、Hは日比谷線、Aは都営浅草線、Nは南北線、Mは丸ノ内線に振られており使えない。やむなくZを選択した。似たような論理で都営三田線は「Mita」なのにIだ。

ナンバリングは早い者勝ちで、後発組は残った文字から選ぶしかない。典型が「ゆりかも

め」。既にYは有楽町線が使っているため、協議の末、Uを採用した。これなら「ユー（U）」りかもめ、と読めなくもない。

首都圏では各路線の直通運転が広がり、1つの駅を2つの路線が使うケースが増えてきた。こうした場合、駅番号はどうなるのか。

半蔵門線と東急田園都市線が接続する渋谷駅では、Z01とDT01が併記されていた。1つの駅に2つの番号が振られているのだ。東急の他の路線や小田急、京王、東武、西武線など各社も同じだ。

唯一違っていたのが泉岳寺駅。都営浅草線と京急線が接続しているが、駅番号は都営浅草線のA07のみ。京浜急行電鉄に聞くと「駅の管理

渋谷駅では半蔵門線（Z01）と東急田園都市線（DT01）が併記されている

が東京都交通局なので、番号を統一しています」とのことだった。

東京の鉄道網は便利な半面、乗り換えや駅の案内が複雑だ。東京五輪に向けて、わかりやすい駅表示がますます求められている。

第5章

赤門は、東大だけのものじゃない

靖国神社は昔、競馬場だった

庶民の娯楽、競馬。東京で競馬場といえば、府中市の東京競馬場と品川区の大井競馬場だ。しかし時代を少しさかのぼると、かつて東京にはあちこちに西洋式の競馬場があった。靖国神社、上野公園、池上、目黒……。その歴史は、日本が欧米に追いつこうともがいた苦闘の道のりでもあった。

東京最古の近代競馬は靖国で行われた

東京・九段にある靖国神社。大鳥居をくぐると、坂の向こうに大村益次郎像がそびえ立つ。境内には清らかな雰囲気が漂っていた。

実はこの場所で、かつて競馬が行われていた。「東京で初めて西洋式の競馬が行われたのは、靖国神社の境内なんです」。ＪＲＡ競馬博物館（府中市）の学芸員が教えてくれた。この細長い参道に、楕円形の周回コースがあったという。

靖国神社は当初、「東京招魂社」と呼ばれ、幕末から明治維新にかけての戦没者を祭るため、1869年（明治2年）に創建された。その翌年、1870年には第1回の競馬が行われたという。年3回ある例大祭の奉納競馬として実施された。そう、競馬は神事の一環だったのだ。

もともと日本には神社で行う「くらべうま」という伝統行事があった。現在でも京都の上賀茂神社などで行われている。2頭の馬が直線を走る形式で、多数の馬が曲線コースを走る西洋式とは異なるが、神社内での競馬はなじみやすかったのかもしれない。

この招魂社競馬、今から振り返るとずいぶんとむ

招魂社（現・靖国神社）の競馬を描いた浮世絵
（「東京招魂社内外人競馬之図」月岡芳年、1871年、馬の博物館所蔵）

ちゃなコースだ。1周は約900mだがカーブがきつく、落馬が絶えなかったという。当時の浮世絵には落馬シーンがユーモラスに描かれている。

ちなみに、大村益次郎の銅像ができたのは1893年（明治26年）のこと。招魂社での競馬は1898年まで続いており、5年間は銅像の周りを馬が走っていたことになる。現在の静寂からは信じられないような光景だ。

上野不忍池のカーブは競馬場にぴったり

靖国神社だけではない。東京都内には各地に西洋式の競馬場があった。靖国神社と同様、場所がそのまま残っているのが上野不忍池だ。なんと池の周りを馬が走っていた。こちらは1周約1600m。カーブも緩やかで西洋と比べても遜色ないコースだったという。全くの偶然だが、競馬場としてはちょうどいい大きさだったらしい。

道行く人に競馬場のことを尋ねてみたが、誰も知らなかった。池の周りには「駅伝発祥の地」という案内板はあったが、競馬場があったことをしのばせるものは何ひとつない。NHK大河ドラマ「いだてん」の影響か、駅伝発祥の地については知っている人がいた。

ちなみにここに「駅伝発祥の地」の記念碑があるのは、日本最初の駅伝「東海道駅伝徒歩競走」のゴールだったから。出発点となった京都・三条大橋にも同じ石碑がある。京都から上野まで実に514km。昼夜を通して走り、3日間かかったという。最終ランナーとして走ったのが「いだてん」の主人公、金栗四三だった。

競馬場の話に戻そう。競馬場は新宿区にもあった。その名も戸山競馬場。新宿区戸山、現在では早稲田大学理工学部があるあたりだ。

当時の跡はほとんど残っていないが、キャンパスに面した「コズミック通り」という道を歩くと、小さなプレートがあった。「かつてここで競馬が行われた」と書いてある。意識して歩かないと気がつか

上野・不忍池の周りで行われていた競馬の様子
(「不忍ノ池競馬会社開業之光景」歌川邦年、明治時代、馬の博物館所蔵)

ないほどさりげなかった。

一方、そこかしこに痕跡が残っていたのが目黒競馬場だ。交差点名は「元競馬場」で、「元競馬場前」という名前のバス停もある。案内板や馬の像もある。道行く人も多くが「昔競馬場があったんでしょ」と答えてくれるほど、地元では知られているようだ。

では、実際のコースはどのあたりにあったのか。現在の地図と古地図とを照らし合わせながら歩いて探してみた。

現在の地図を見ると、なにやら怪しいカーブがある。場所は閑静な住宅街。ちょっとお邪魔して入っていくと、緩やかな曲がり道がどこまでも続いていく。古地図と照らし合わせてみると、やはりかつての競馬場の上を歩いていた。この道の周辺を、数十年前まで馬が走っ

目黒には馬のモニュメントがあった

ていたのだ。

馬の博物館（横浜市）に確認したところ、このあたりは当時の第1コーナーから第2コーナーにかけてだという。住宅街なのであまりじろじろと見続けるわけにはいかないが、意外な場所にも歴史は潜んでいた。

目黒競馬場は1907年（明治40年）に整備された。1932年（昭和7年）には第1回東京優駿大競走（日本ダービー）が開催されるなど、代表的な競馬場の一つだった。しかし周辺が住宅地として開発が進んだことなどから手狭になり、翌33年に閉鎖。府中の東京競馬場に移転した。その名はいまも「目黒記念」というレースの名称として刻まれている。

昭和初期の目黒競馬場（馬の博物館所蔵）

このほか、三田（港区）や池上（大田区）、羽田や板橋などにも競馬場があったという。池上では「徳持ポニー公園」内に、競馬場のことを書いたモニュメントがある。

東京には馬にゆかりのある土地がまだまだある。高田馬場は江戸時代に馬場があった場所だ。練馬はその名の通り、馬を訓練する場所だった。永田町もかつては永田馬場と呼ばれていたらしい。日比谷公園には明治時代から残る馬の水飲み場があった。馬はそれだけ、身近にあったのだろう。

日本人初勝利は「ミカン号」、馬主は西郷従道

日本に西洋式の競馬が持ち込まれたのは江戸時代、開港直後の横浜だった。馬の博物館の日高嘉継さんによると、開港翌年の1860年に横浜・元町あたりで行われた、との日記が残っているという。詳細な記録があるのは1862年からで、現在の中華街のあたりで行われていたらしい。コース1周が1200mだった、と記されている。当時は空き地を使っていた。

初めての本格的な競馬場は1866年、横浜・根岸に造られた。当初は居留地に近い場所

に建設する予定だったが、江戸幕府と競馬場建設に関する覚書を締結した直後に生麦事件が起きてしまう。街道を行く英国人が襲われるという事件を憂慮した幕府が再交渉した結果、街道から離れた根岸が用地に選ばれた。

当初は外国人向けだった競馬だが、明治になると、日本人も参加するようになる。日本人として最初に馬主になったのは、西郷従道《つぐみち》。西郷隆盛の弟だ。1875年（明治8年）に4頭の馬を登録し、そのうち「ミカン号」と名付けた1頭が日本人馬主初の勝利をもたらす。11頭が参加したレースでの快挙だった。

競馬が始まったのは関東にとどまらない。1868年（明治元年）には神戸で外国人による競馬が始まり、1872年（明治5年）には札幌の札幌神社（現・北海道神宮）、1875年（明治8年）には函館招魂社（現・函館護国神社）でも行われている。

「明治時代前半の競馬は、鹿鳴館と並ぶ欧化政策の柱でした」。馬の博物館の日高さんはこう指摘する。「不平等条約の改正を目指した社交の場として、競馬場が使われたのです」という。

1879年（明治12年）に設立された「共同競馬会社」の顔ぶれが、国家事業としての競馬の側面を物語る。立川健治著『文明開化に馬券は舞う』(世織書房)によると、社長は小松宮彰仁親王、副社長は元長州藩主の毛利元徳で、幹事には伊藤博文、西郷従道、松方正義、岩崎弥之助らが名を連ねた。三井家総領家当主の三井八郎右衛門も会計長として参加した。会社の会員数は606人と、鹿鳴館内に設立された東京倶楽部の270人をはるかにしのぐ。当時日本最大の社交団体だった。

競馬は鹿鳴館と並ぶ国家事業だった

招魂社競馬は兵部省が主催し、1875年からは皇居内の吹上御苑でも行われた。戸山競馬は、第18代米国大統領のグラント将軍来日にあわせた歓迎の競馬を、陸軍戸山学校の敷地内で催したのがきっかけだ。

1880年(明治13年)には横浜で「The Mikado's Vase Race」が行われ、明治天皇から賞品が下賜された。これが天皇賞のルーツといわれている。明治天皇の臨場は頻繁で、国を挙げて競馬を行っていた様子が垣間見える。天皇の行幸は不平等条約が改正される1899年(明治32年)まで続いた。

ちなみに当時走っていた馬は、日本在来の馬と外国人が母国から連れてきた馬、中国産の馬が混在していた。馬の博物館の日高さんによると、日本の馬は「足が短く体格的に不利なうえ、気性が荒くて真っすぐ走れないこともあった」といい、「一緒に走る馬の顔ぶれを見て、レース直前に参加を取りやめる馬も目立ち、1頭だけでレースを行うこともあった」。

ところで競馬といえば馬券。明治初期の競馬では、馬券はどうしていたのだろうか。外国人が主催していた横浜・根岸では馬券の発売が認められていた。しかし東京では公式な馬券はなかったという。馬券発行は賭博罪として取り締まられた。このため根岸以外

府中・大井のほか10カ所に競馬場があった

	場所	時期(年)
招魂社競馬	九段	1870～1898
吹上御苑競馬	皇居内	1875～1884
三田育種場競馬	三田	1877～1890
戸山競馬	新宿区戸山	1879～1884
上野不忍競馬	上野	1884～1892
池上競馬場	大田区池上	1906～1909
板橋競馬場	板橋	1907～1908
目黒競馬場	目黒	1907～1933
羽田競馬場	羽田	1927～1938
八王子競馬場	八王子	1928～1949
東京競馬場	府中市	1933～
大井競馬場	品川区大井	1950～

の競馬場は経営的に行き詰まり、いずれも短命に終わった。

とはいえ、非公式には馬券があったらしい。前出の『文明開化に馬券は舞う』によると、1879年（明治12年）にグラント将軍を迎えて戸山競馬場で行われた競馬の際、西郷従道と黒田清隆、グラント大佐（将軍の息子）の3人が熱心に賭けをしている様子が記録に残っているという。このとき3人は最終レースの前に有り金をすべてはたいてしまい、最後の賭けが成立しなかった、とある。

馬券禁止の流れが変わるのは明治後期になってから。契機となったのは日清・日露戦争だ。

日清・日露戦争後に空前の競馬バブル

2つの戦争で日本の軍馬が欧米に比べて大きく劣っていると痛感した明治政府は、1906年（明治39年）に「馬匹改良計画」を立てる。品種改良や訓練法の見直しなどを急いだ。そのための資金源として目をつけたのが、競馬だった。

馬券解禁は日本中に競馬ブームを巻き起こす。1906年から07年にかけて、全国で数多くの競馬場が誕生したのだ。東京では池上、板橋、目黒。このほかでは新潟、松戸、川崎、藤枝、京都、大阪、小倉、宮崎などで新たな競馬法人が生まれた。

全国各地で競馬は人気を博した。東京では池上や目黒で1万人を超える集客を記録。「○○ケイバ」と名付けたせっけんや牛乳など便乗商品が相次ぎ、社会現象となった。馬券は当時としては高額だったが、「10人で金を出しあって買うなど、庶民にも広がった」（競馬博物館）。しかしトラブルが絶えず、政府は１９０８年（明治41年）、馬券発売を再び禁止。競馬バブルは一気にしぼんだ。

ちなみに当時の馬券は単勝が基本だった。複勝式が始まるのは１９３１年（昭和６年）から。馬券購入後に抽選でどの馬の馬券になるかが決まる「ガラ馬券」も多く、これがトラブルの元となったともいわれる。

馬券禁止後、しばらくは政府が競馬法人に補助金を出したが、経営難は続いた。１９２３年（大正12年）に競馬法を制定し、一定の制限を設けて馬券が復活。以降、戦時中を除いて発展を続け、現在の隆盛に続いている。

赤坂や大手町……東大以外にも赤門があった

東京都文京区にある東京大学本郷キャンパスを訪れると、最近は外国人観光客の姿が目に付く。お目当ては国の重要文化財に指定されている赤門だ。いまなお壮麗な赤門は東大の代名詞にもなっているが、かつては東京のあちこちに存在したという。赤門はどこにあったのか。

赤門は徳川将軍家の姫君のための門

東大赤門の手前にある朱塗りの看板には、こんな記述があった。

「文政10年（西暦1827年）加賀藩主前田斉泰にとついだ11代将軍徳川家斉の息女溶姫のために建てられた朱塗りの御守殿門」

東大の敷地はかつて、加賀藩の上屋敷だった。赤門はそもそも、加賀藩の屋敷内にあったものなのだ。

江戸東京博物館の学芸員、杉山哲司さんによると、江戸時代、将軍家の姫君が大名家に嫁ぐとき、屋敷内に姫のための特別な御殿を建てた。これを御守殿という。御守殿門とはその入り口に構える門のことだ。

ちなみに姫君とは将軍家の娘だけを指し、大名家の娘は姫様と呼ぶ。大名家の娘が将軍家の養女となった場合は、江戸城に入った時点で姫君と呼ばれるようになるらしい。

東大の赤門は重要文化財に指定されている

将軍家の娘が嫁いだ大名屋敷に朱塗りの門があるのなら、ほかにもあったのではないか。杉山さんに聞くと、赤門の存在を示す絵巻があるという。「御入輿御行列図」（公益財団法人徳川記念財団所蔵）。10代将軍家治の養女、種姫が紀州藩の徳川治宝に嫁いだときの行列だ。この絵巻に、朱塗りの門が部分的に描かれているのだ。場所は赤坂。紀州藩の中屋敷だ。現在は赤坂御用地となっている。

絵巻に赤門が描かれているのなら、浮世絵にもヒントがありそうだ。国会図書館で探してみた。

当時の風景を描いた浮世絵といえばやはり歌川広重だろう。「名所　江戸百景」や「東都名所」などを片っ端から見ていくと、朱塗りの門がいくつか見つかった。

例えば日比谷にあった佐賀藩鍋島家上屋敷。あるいは霞が関の広島藩浅野家上屋敷。桜田門にあった彦根藩井伊家上屋敷にも赤い門が描かれていた。

これらも加賀藩や紀州藩と同じ御守殿門なのか。論文「将軍姫君の婚礼の変遷と文化期御守殿入用」をまとめるなど、御守殿に詳しい豊島区教育委員会文化財保護専門員の吉成香澄さんに事情を聞いた。

赤門、都内に10カ所以上あった？

「徳川家光以降、将軍家から大名家に嫁いだ姫君は20人以上います（婚礼前に死去した場合を除く）。通常は特別な住居を構えて朱塗りの門を建てるので、おそらくこれらの屋敷には赤門があったと思われます」

将軍家の姫君は、以下の場所に嫁いだという（地名は現在のもの）。

市谷（現・防衛省市ケ谷駐屯地、尾張藩）、麴町（紀州藩）、小石川（現・小石川後楽園、水戸藩）、芝（現・NEC本社、薩摩藩）、汐留（現・日本テレビ、仙台藩）、赤坂（紀州藩）、

歌川広重の浮世絵「山下御門之内」。赤い門は佐賀藩鍋島家上屋敷
（国会図書館蔵）

新川（福井藩）、大手町（現・和田倉門周辺、会津藩）、神田小川町（高松藩）、日比谷（佐賀藩）、日比谷（長州藩）、本郷（加賀藩）、霞が関（現・国土交通省、広島藩）、大手町（姫路藩）、神田橋（一橋家）、丸の内（現・帝国劇場、鳥取藩）、三田（久留米藩）

大名には上屋敷や中屋敷など各地に屋敷があり、また時代によって移転することもある。すべて場所が確認できたわけではないが、赤門はこれらの屋敷内にあったと考えられる。では、東大の赤門は現存する唯一の御守殿門なのか。調べを進めていくと、もう一つ、当時の赤門が残っていることが判明した。

場所は文京区。灯台もと暗し、というべきか、東大赤門のすぐ北側に、その門は静かにたたずんでいた。現在は西教寺という寺院の門になっている。

説明板によると、1874年（明治7年）、酒井雅楽頭の屋敷から移築されたという。瓦を銅板に改めるなど一部修理されたとはいえ、おおむね当時のままのようだ。文京区の有形文化財にも登録されている。住職に話を聞いた。

「11代将軍・徳川家斉の姫君、喜代姫が姫路藩の酒井家に嫁いだときに造られた門だと聞いています。もとは大手町にあったものを移築したそうです」

徳川将軍家由来の赤門は、東大だけではなかったのだ。

ただし、この赤門は御守殿門ではない。吉成さんによると、10代将軍、徳川家治の時代までは、姫君が暮らす住居は御守殿と呼ばれていた。しかし家斉の時代に入ると御守殿を名乗れるのは「従三位」以上の大名に限られるようになり、それより下の官位の大名は「御住居《おすまい》」と区別して呼ぶようになったという。酒井家は従四位のため、御守殿門ではなく御住居門だった。

ちなみに東大赤門が建てられたときの加賀藩主、前田斉泰は、将軍・家斉の娘の溶姫を迎えた

西教寺に残る赤門

ことで従三位に昇進した。これに伴い御守殿を名乗ることが許されたという。

御守殿に関する話題が多い将軍・家斉は、子供が多いことでも知られている。実に50人以上の子供をつくった。成年したのはその半数程度といわれるが、多くの姫君を大名家に嫁がせ、各地に赤門ができた。

将軍家との血縁は大名家にとってもメリットがあった。一方で御守殿や御住居の建築、世話をする人手の手配、豪華な調度品など財政負担も強いた。

ところで、歌川広重の浮世絵を見ると、彦根藩井伊家の屋敷にも赤い門が描かれている。しかし彦根藩に姫君は嫁いでいない。どうしてなのか。吉成さんに尋ねてみたが、はっきりとは分からないという。このような、御守殿門や御住居門ではない赤門も、各地にあったのかもしれない。彦根藩にあった赤門ではないかと伝わる門は現在、豪徳寺にその姿をとどめている。

黒門・白門・鉄門……大学が好きな「〜門」

今や東大の代名詞となった赤門だが、「〜門」という呼び方は他の大学にもある。集団の愛称として用いることがあるようだ。

例えば専修大学は「黒門《くろもん》」とも呼ばれる。現在の神田神保町に移転した際に使っていた門が黒かったことに由来する。1907年（明治40年）に撤去されたが、2010年、当時の姿に復元された。

東大赤門と縁が深い金沢大学は一時期、白門《しろもん》と呼ばれていたことがある。1949年（昭和24年）に大学が誕生してからしばらくは金沢城内にキャンパスを構えていて、金沢城石川門の通称でもあった白門が大学の代名詞になっていたという。

中央大学も白門と称されることがある。こちらは「はくもん」だ。中央大による

専修大学の黒門

と、昭和初期には使われていたという。正義、潔白というイメージからきた、徽章の白からつくられたなど諸説あり、東大の赤門に対抗したとの説もあった。そういえば、後楽園キャンパスの正門も白っぽかった。ほかにも早稲田大学は「稲門」、東大でも医学部は「鉄門」などそれぞれ通称がある。大学と門は結びつきやすいようだ。

江戸時代、姫君を迎えて赤門を建てた大名の多くは財政難にあえいだという。東大赤門の向こうには、大名たちの苦闘の歴史が眠っている。

実は4カ所もあった「東京球場」

現在、東京と名のつく球場は東京ドームだけだが、かつては4カ所にあった。荒川、三鷹、上井草、そして東陽町。歴史を彩る野球場の跡地を歩き、痕跡を探ってみた。

下町の「光の球場」　金メダリストのプールに

昭和のにおいを残す町、南千住。駅から住宅街を10分ほど歩くと、「荒川総合スポーツセンター」が見えてくる。競泳の北島康介さんが子供のころ泳いでいたことで知られるプールがある、複合スポーツ施設だ。

2019年3月から工事のため一時閉館しているが、以前建物内に入った時は、受付の横に野球のサインボールがあった。土橋正幸、山内一弘、有藤道世（通世）……。往年のスターの名前がずらり。実はこの場所にはかつて「東京スタジアム」という名の野球場があったのだ。「東京球場」とも呼ばれていた。

「日暮里駅から常磐線に乗ると、夜空にぽっかり球場が浮かび上がってきて、それは幻想的な光景でした」。元近鉄バファローズ応援団長で『昭和プロ野球を彩った『球場』物語』（宝島社）などの著書がある故・佐野正幸さんは生前の取材でこう語っていた。

1960年代半ば、下町のカクテル光線は異彩を放っていた。「光の球場」。いつしかそう呼ばれるようになった。

1962年（昭和37年）、東京スタジアムは毎日大映オリオンズ（略称は大毎オリオンズ）の本拠地として誕生した。大毎はのちに東京オリオンズ→ロッテオリオンズと名前を

東京にかつてあった野球場

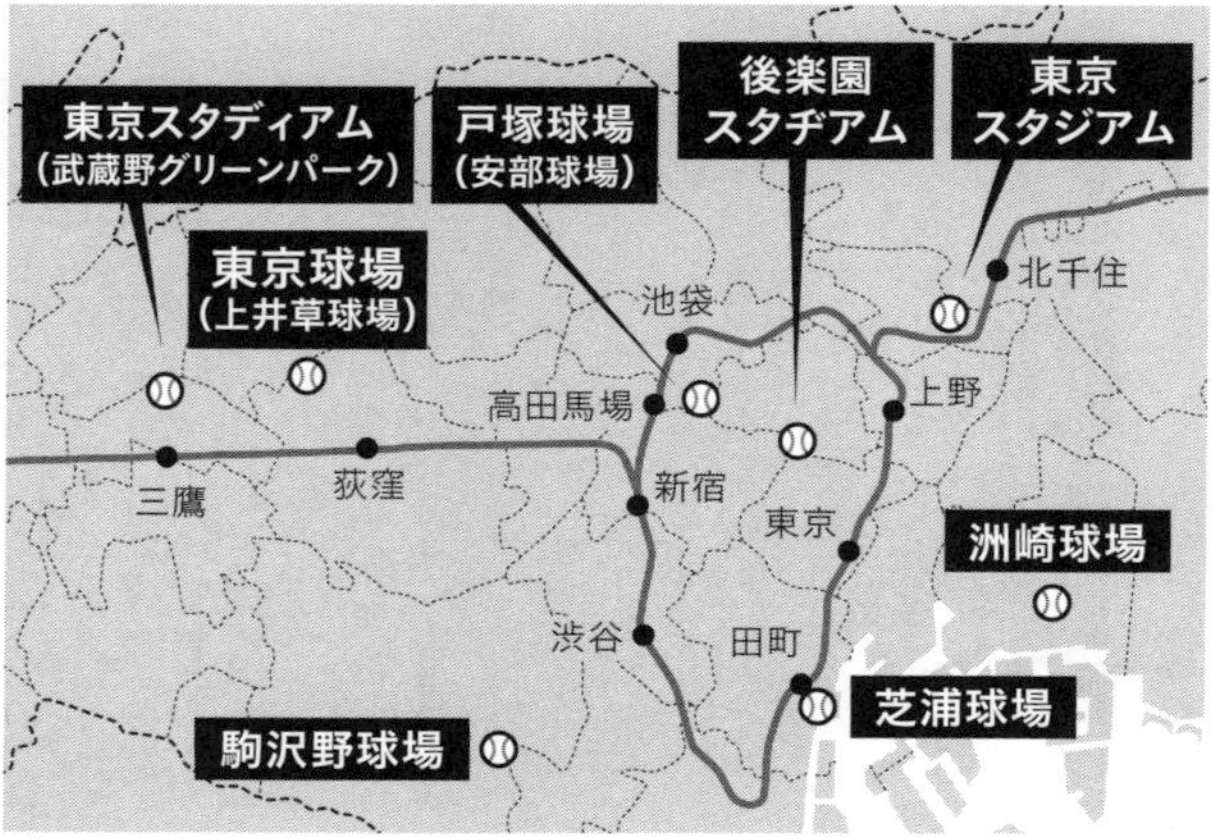

変え、現在の千葉ロッテマリーンズへとつながる球団だ。

球場建設を推進したのは映画界の重鎮、大映の永田雅一社長だ。剛腕で知られた永田氏の力は絶大で、球場開きの日にはパ・リーグ6球団の選手を参加させたという。開場式は午後4時からで、後楽園で試合があった東映や西鉄は練習もできなかったのでは、と心配になってしまう。

東京スタジアムは当時としては画期的なスタジアムだった。内野には日本で初めて天然芝を敷き、自動で水まきができたという。外野フェンスにはラバーを張り、バリアフリーの誘導路まであった。下町の雰囲気漂う庶民

東京都荒川区にかつてあった東京スタジアムは「光の球場」と呼ばれていた
（財団法人　野球殿堂博物館蔵）

的な球場でありながらも、設備は後楽園よりも整っていたらしい。ただし外野のふくらみがなく、ホームラン量産球場とも呼ばれた。

応援歌「東京音頭」はオリオンズが先に歌っていた

東京スタジアムは、意外なものの誕生地でもある。現在、東京ヤクルトスワローズが応援歌として使っている「東京音頭」だ。実はこの応援歌、ヤクルトの専売特許ではない。ヤクルトより10年以上前、東京スタジアムを本拠地としていた東京オリオンズが最初に使ったのだ。

1964年（昭和39年）に大毎オリオンズは東京オリオンズと改名した。東京という名にふさわしい応援歌はないか。そこで白羽の矢がたったのが東京音頭だった。

そもそも東京音頭は1932年（昭和7年）に盆踊り用の音楽として作られた。当初は「丸の内音頭」という題名だった。翌年に「東京音頭」と改名して大ヒット。誰もが知る曲は、応援歌にふさわしいと判断したようだ。

オリオンズは1972年（昭和47年）を最後に東京スタジアムを去り、東京音頭を使わなくなった。ヤクルトが使い始めたのは1970年代後半のことだ。チームを失った東京スタジアムは1977年（昭和52年）に取り壊され、跡地はスポーツ施設に。野球のグラウンドは今も残っているが、現地に当時を語るモニュメントはない。

後楽園、最初のチームは巨人ではなくイーグルス

東京にはその名もずばり、「東京球場」という球場があった。西武新宿線上井草駅近くにあり、「上井草球場」という名で親しまれた。正式名称よりもこちらの方が通りがいい。

開場は1936年（昭和11年）。日本職業野球連盟が結成され、プロ野球のリーグ戦が始まった年だ。日本初のプロ球団、日本運動協会の本拠地だった芝浦球場は関東大震災後に閉鎖となり、東京有数の球場、神宮球場と戸塚球場はいずれも学生野球がメイン。プロ専用の球場として、大きな期待を集めての開場だっ

現役当時の上井草球場。周辺には松が見え、まだあまり開発されていない郊外だったことをうかがわせる（財団法人　野球殿堂博物館蔵）

た。

佐野さんによると、１９３６年8月の開場後、同年には21試合、翌１９３７年には56試合とフル回転した。しかし１９３８年になるとわずか6試合に激減した。それも１日３試合のトリプルヘッダーが2日、というありさまだ。なぜここまで減ったのか。

杉並区に尋ねると「１９３７年に都心に後楽園球場ができたことが大きい」という。当時、上井草は「遠い」印象があった。土ぼこりが舞うという悪条件も重なった。期待を集めた球場は、わずか3年でプロ野球界から見放された。

ちなみにその後楽園球場（正式名称は後楽園スタヂアム）。今でこそ巨人の本拠地（かつての）とのイメージが強いが、実は最初に本拠地としたのは巨人ではない。後楽園イーグルスという球場所属のチームだった。しかしすぐに巨人が優先使用権を持つようになり、球場サイドはイーグルスとの関係を解消してしまう。イーグルスは黒鷲軍、大和軍などと名前を変えたのち、消滅した。

上井草球場の跡地には現在、上井草スポーツセンターという総合体育施設がある。グラウンドは残り、都内有数の草野球場として人気が高い。

地下鉄東陽町駅から歩いて5分ほど、東京都の江東運転免許試験場の向かいに「伝統の一戦誕生の地」と書かれたプレートがある。かつてこの地に洲崎球場というプロ野球草創期を支えた球場があった。

球場ができたのは上井草と同じ1936年のことだ。期待の専用球場としてスタートした。大東京軍の専用グラウンドだったことから「大東京球場」と呼ばれることもあった。

プロ野球最初の日本一を決める巨人対タイガース（現・阪神タイガース）戦は洲崎球場で行われ、巨人の沢村栄治投手らが熱戦を繰り広げた。これが後に伝統の一戦と呼ばれる由来となった。翌37年には92試合も行われる

洲崎球場の場所は長らく不明だったが、雑誌記事を機に江東区が2005年、説明板を作成した

などまさにフル回転だった。

この洲崎球場は不名誉な記録を生んだ球場でもある。1937年7月17日。イーグルス対金鯱戦は観客が90人しかいなかった。これは今なお観客数のワースト記録とされている。埋め立て地に造られたため満潮になると海水が入り込み、試合が中止になったこともあるという。

球場の近くには「洲崎パラダイス」という遊郭があった。ちょうど地下鉄木場駅と東陽町駅の間にあったようだ。歩いてみたが、ほとんど痕跡は消えていた。

三鷹にも「東京スタディアム」という名の大きな球場があった。東京スタジアム、東京スタディアム、東京球場、そして大東京球場。東京にはこのほかにも芝浦球場、戸塚球場（安部球場）、駒沢野球場、後楽園スタヂアムと4カ所にプロが使った野球場があった。しかし現地を歩いてみると、その歴史を伝える痕跡や記念碑はほとんどない。今なお人々の記憶に残っているだけに、ちょっと残念な気もする。

全国の主な廃野球場(北海道〜東海)

球場名	所在地	
秋田県立野球場	秋田市	現在の県立球場とは別の場所にあった。跡地は現在、武道館に
宇都宮常設球場	宇都宮市	日米野球で使用。沢村栄治、ベーブ・ルースが登場。現在は小学校に
後楽園スタヂアム	東京都文京区	最初はイーグルスが本拠地として使用
洲崎球場(大東京球場)	東京都江東区	巨人・阪神の「伝統の一戦」発祥の地
戸塚球場(安部球場)	東京都新宿区	もともと早稲田大学の球場。プロでも使われた
東京スタジアム	東京都荒川区	下町にある「光の球場」として親しまれた
東京球場(上井草球場)	東京都杉並区	東京セネタースの本拠地。現在は上井草スポーツセンター
駒沢野球場	東京都世田谷区	東京五輪で取り壊し。現在の駒沢球場とは別の場所
東京スタディアム(武蔵野グリーンパーク)	武蔵野市	三鷹から中央線が延伸し、「武蔵野競技場前」駅があった
横浜公園平和野球場	横浜市	日米野球で沢村栄治やベーブ・ルースが登場。いったん解体し、横浜スタジアムを新設
石川県営兼六園野球場	金沢市	外野が狭く、ホームランのプロ野球記録が生まれた
福井市野球場	福井市	福井駅の近くにあった。2008年に閉鎖
長野市営城山球場	長野市	1926年完成の歴史あるスタジアム。2000年に閉鎖
岐阜県営野球場	岐阜市	長良球場とも呼ばれた
各務原運動場(各務原球場)	岐阜県各務原市	1948年から49年にかけて4試合が行われた
伊東スタジアム	伊東市	当初はホテルが運営。巨人の「地獄の伊東キャンプ」が行われた場所
山本球場(後にJR東海八事球場)	名古屋市	春のセンバツ高校野球第1回大会が行われた
鳴海球場	名古屋市	収容人数約4万人の大球場だった
大須球場	名古屋市	跡地の名古屋スポーツセンターは浅田真央らフィギュアスケート選手を多数輩出

(注) プロ野球の一軍公式戦で使用したことがある球場に限定。
佐野正幸「昭和プロ野球を彩った『球場』物語」、「ベースボールマガジン」2001年夏季号などより作成

全国の主な廃野球場(関西〜九州)

球場名	所在地	
衣笠球場	京都市	立命館大学の専用球場として開場。一時、松竹ロビンスの本拠地に
日本生命球場	大阪市	藤井寺球場に照明設備がなかった間、近鉄の準本拠地として使用
藤井寺球場	藤井寺市	近鉄の本拠地だったが、照明設備を巡り住民とトラブル。鳴り物禁止の時期も
大阪スタヂアム	大阪市	南海や近鉄、洋松ロビンスの本拠地。大阪球場、難波球場とも呼ばれた
中百舌鳥球場	堺市	戦前は南海の本拠地、戦後は2軍が使用した
宝塚球場	宝塚市	1922年、阪急が建設。関東大震災で解散した日本運動協会の選手でプロチームを結成
阪急西宮スタジアム(旧阪急西宮球場)	西宮市	甲子園球場に対抗して1937年開場。阪急の本拠地だった
神戸市民運動場	神戸市	95年には阪神大震災被災者の仮設住宅建設地に。2000年閉鎖
広島市民球場	広島市	広島カープの本拠地として1957年開場
下関球場	下関市	大洋ホエールズが一時本拠地として使用
高松市立中央球場	高松市	高松市が運営。外野スタンドがなかった
松山市営球場	松山市	松山城に近接。松山市が運営していた
平和台球場	福岡市	西鉄ライオンズ、福岡ダイエーホークスなどの本拠地
香椎球場	福岡市	1954年にはジョー・ディマジオがこの地で臨時コーチに
春日原球場	福岡県春日市	1924年開場。一時西鉄ライオンズが使用
小倉豊楽園球場	北九州市	1948年開場。阪急、西鉄など使用
長崎大橋球場	長崎市	長崎市が運営。西鉄ライオンズなどが使用
杵島炭鉱グラウンド	佐賀県大町町	1930年に3試合行われた。外野フェンスが石積みだったという

(注) プロ野球の一軍公式戦で使用したことがある球場に限定。
佐野正幸「昭和プロ野球を彩った『球場』物語」、「ベースボールマガジン」2001年夏季号などより作成

第6章
東京って実は……

東京23区は日本一の温泉密集地だった

温泉が多い都道府県と聞いてどこを思い浮かべるだろうか。「おんせん県」を自称する大分県？　伊豆の踊子、静岡県？　秘湯王国、北海道？　実は、東京都も意外に負けてはいないのだ。

環境省がまとめている「温泉利用状況」という統計がある。ここには源泉の数や湧出量、宿泊施設の数などが載っている。このデータを基に、温泉地をいろんな角度からランキングにしてみよう。

温泉ランキング、湧出量1位は「おんせん県」

まずは温泉がどのくらい湧いているのか。データによると、2017年3月末時点の源泉の数も湧出量も、大分県が他を圧倒していた。さすがは「おんせん県」。湧出量はなんと、

1分間に28万1300リットル（ℓ）。ちょっと想像もつかない量だ。

想像できないので計算してみる。学校にある25mのプールに120cmほど水を張ったら36万ℓになる。つまり、学校のプールが1分間で8割近く埋まるくらいのお湯が湧いている、ということか。2位は北海道で20万6500ℓ、3位の鹿児島県と4位の青森県が15万ℓ台で続く。

源泉総数はというと、大分

源泉総数と湧出量ランキング

源泉総数		
1	大分県	4385
2	鹿児島県	2764
3	静岡県	2261
4	北海道	2230
5	熊本県	1352
6	青森県	1098
……		
36	東京都	166
……		
43	高知県	97
44	滋賀県	86
45	徳島県	85
46	奈良県	72
47	沖縄県	15

湧出量（リットル／分）		
1	大分県	28万1331
2	北海道	20万6564
3	鹿児島県	15万6346
4	青森県	15万3054
5	熊本県	13万3661
6	静岡県	11万9426
7	長野県	11万4830
……		
27	東京都	2万9684
……		
43	徳島県	8009
44	福井県	7982
45	奈良県	6033
46	沖縄県	4318
47	高知県	3661

県が４３８５本と2位・鹿児島県の２７６４本を突き放す。３位以下は静岡県、北海道と続く。

温泉地ごとのランキングで見ても、大分県は別府温泉と由布院温泉が総湧出量のツートップだ。源泉の数も別府は２０００本を超え、2位・由布院の2倍以上ある。別府と由布院だけで鹿児島県を上回る、まさに圧倒的な存在だ。ちなみに温泉地別源泉総数の3位は伊東（静岡県）、４位は熱海（静岡県）、５位が指宿（鹿児島県）だった。

では「温泉地の数」だとどうだろう。全国の温泉地は総数で３０３８カ所ある。うち北海道が２４５カ所と群を抜く。２１５カ所の長野県が続き、３位は新潟県の１４７カ所だった。青森県や福島県、秋田県など東北も上位に並んだ。大分県は別府と由布院への依存度が高いのか、上位には入らず19位にとどまった。

温泉地の数が多い都道府県は…

		温泉地の数
1	北海道	245
2	長野県	215
3	新潟県	147
4	青森県	132
5	福島県	131
6	秋田県	125
7	静岡県	112
43	山梨県	28
44	東京都	27
44	香川県	27
46	鳥取県	15
47	沖縄県	7

東京の湧出量は、愛媛や島根を上回る

さて東京。源泉総数は多くはない。166本と全国36位だ。温泉地の数に至っては、わずか27と44位に沈む。

だが湧出量は意外に多い。毎分2万9684ℓと全国では27位だ。道後温泉が有名な愛媛県（1万8924ℓ）、玉造温泉がある島根県（2万6786ℓ）をも上回る。さらに言えば、富山県（3万719ℓ）、石川県（3万1214ℓ）、神奈川県（3万4005ℓ）といい勝負だ。富山県といえば黒部峡谷トロッコ電車（黒部峡谷鉄道）沿いに宇奈月温泉や秘湯・黒薙温泉があり、石川県といえば日本一の温泉旅館「加賀屋」の本拠地、和倉温泉がある。神

温泉宿泊施設の数が多い都道府県

	温泉宿泊施設の数	
1	静岡県	1887
2	長野県	1168
3	大分県	777
4	北海道	683
5	群馬県	598
6	神奈川県	593
7	新潟県	544
8	福島県	529
9	茨城県	420
10	熊本県	412
……		
44	東京都	41
45	埼玉県	36
46	徳島県	31
47	沖縄県	8

奈川県はもちろん箱根がある。意外に健闘、といえるのでは？

ここでちょっと違う角度から見てみよう。統計には、温泉施設についてのデータがある。まずは温泉を利用した宿泊施設の数を見ると、1位は静岡県、2位が長野県、3位が大分県だった。東京都は44位にとどまる。これが日帰り公衆施設になると、1位・長野県、2位・鹿児島県、3位・静岡県となる。東京都は21位だった。

施設の数といっても、長野県は広い。面積は東京都の6倍以上ある。多いのは当然ではないか。そこで10㎢あたりの施設数を計算してみた。10㎢ということはざっくり3㎞四方くらいで、気軽に行ける距離、と言ってもいいだろう。「温泉密度」という言葉もあるらしい。

さてその結果は。1位は神奈川県で0・828軒（／10㎢）と出た。2位が静岡県の0・

温泉密度ランキング

（軒／10㎢）

1	神奈川県	0.828
2	静岡県	0.633
3	東京都	0.606
4	大分県	0.588
5	鹿児島県	0.587
6	佐賀県	0.533
7	長野県	0.524
8	大阪府	0.462
9	熊本県	0.46
10	群馬県	0.434
43	滋賀県	0.065
44	高知県	0.063
45	岐阜県	0.058
46	岩手県	0.058
47	北海道	0.054

633軒、東京都は0・606軒で3位に滑り込んだ。さらに驚くべきことに、東京23区に絞って計算してみると、なんと神奈川県を突き放す1・141軒となった。実は、東京23区は日本一の「温泉密集地」だったのだ。ちなみにこの温泉密度、最下位は北海道で0・054軒だった。施設数は4位と多かったが、あれだけ広ければ無理もないところだ。

東京では黒っぽい湯が「掘れば出る」状態だった

東京には温泉地のイメージはあまりないが、いったいどこにあるのだろう。地図を開いてみると、大田区や品川区、江東区などあちこちで温泉マークが見つかった。

商店街として東京一の長さを誇る品川区の戸越銀座商店街。全国各地の「○○銀座」の第1号でもある街にも温泉があった。その名も「戸越銀座温泉」。そのままですね。天然の温泉らしい。黒っぽい湯が特徴だ。もともとここには銭湯があったが、いったん休業したのち、2007年に温泉として生まれ変わったという。

東京23区内では2000年代に入ってから、温泉が次々掘削された。特に有名なのが、ともに2003年開業の「東京お台場　大江戸温泉物語」（江東区）と「スパ　ラクーア」（文京区）だろう。当時、都心の温泉ということでかなり話題になった。以降も増え続け、東京都にある温泉利用施設はこの15年で2倍近くに増えている。地下水や地盤への影響を懸念する声もあるほどだ。

東京の温泉とは、どんな泉質なのか。中央温泉研究所（東京・北区）の甘露寺泰雄さんによると、東京23区の温泉は塩分が多い「塩化物泉」と「炭酸水素塩泉」が大半だ。大田区などに多い黒っぽい湯は「植物の化石が混じっているから」だとか。この黒い湯は「モール湯」などと呼ばれることが多い。実は東京では「掘れば出る」状態で、昔から大田区など臨海部中心に銭湯で利用されてきたという。地図上に温泉マークが多いのは、人口密集地ならではということのようだ。

♨の湯気の向き「左→直線→右」と変化

ところでこの温泉マーク、温泉好きにはなじみの記号だが、湯気の向きが時代とともに変化してきたのをご存じだろうか。

そもそも今使われているマークの湯気は、どちら向きなのか。拡大してみると、ふむふむ、湯気は右側に揺れている。実はこれ、2002年（平成14年）以降のマークだという。それ以前は違っていた。何度も変更を重ねてここに落ち着いたらしい。どう変わってきたのか。日本地図センター（東京・目黒区）の資料を基に、変遷をたどってみよう。

国の作った地形図に温泉マークが登場したのは1884年（明治17年）のこと。湯気は少しだけ左に揺れているように見えるが、ほとんど直線に近い形だった。はっきりと揺れが確認できるのは1895年（明治28年）から。湯気はやはり左側を向いている。初期の頃は、今とは逆向きだったのだ。これが1909年（明治42年）には直線に変わる。その後改訂を繰り返しながらも、直線のまま年月が過ぎていく。

劇的に変わったのは2002年だ。見慣れた「右揺れ」になった。それまでも温泉地の看板やのれんなど一般的な表記としては「右揺れ」が定着していたが、国の正式な地図が「揺らいだ」のはこのときからだった。

温泉マークの変遷

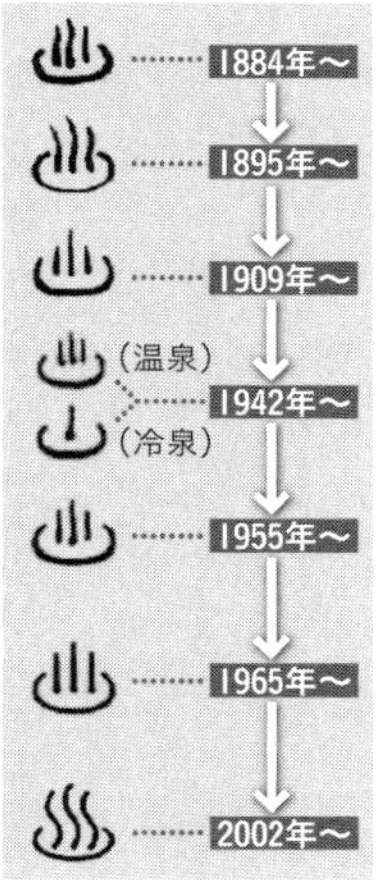

なぜ、湯気の向きが「左→直線→右」と変わったのか。そこには地図製作の環境変化があった。

官製地図は長らく、伸縮の少ないポリエステルのフィルムを針でひっかく「スクライブ法」で作っていた。国土地理院の作図担当者によると、「このやり方だと複雑な記号は書きにくい」。湯気が直線になったのはこの手法が影響した、といわれている。

1990年代半ばから普及し始めたのがコンピューターを使うデジタル編集法だ。これだと曲線の表現が簡単になるという。この編集法が導入されてから初の改訂となった2002年、満を持して温泉マークが「揺らいだ」のだ。

ではそもそも、明治時代の温泉マークが左向きだったのはなぜか。その手掛かりは「日本最古の温泉記号」にあった。

群馬県安中市の磯部温泉。舌切り雀伝説が伝わる歴史ある温泉地に、「日本最古の温泉記号」という石碑が建っている。それによると、江戸幕府が1661年（万治4年）に作製した「裁許絵図」には、磯部温泉の場所に2カ所ほど温泉記号が描かれていたという。この温泉マーク、今とはずいぶん違う形をしているが、湯気は左側に大きくたなびいていた。この形が時を経て「左向き」のマークへと継承されていったのかもしれない。

郵便マーク、11日で「T」から「〒」に変更

地図記号の話題が出たのでもう少し。温泉マーク以外にも、形が変わった記号がある。代表格が郵便のマークだ。

郵便といえば「〒」。このマークが地図記号に採用されたのは1909年（明治42年）から。それまでは封筒を模した記号だった。今でも町中の地図看板や民間の地図では郵便局を封筒マークで表記することがある。メールのアイコンも封筒マークが多いので、このままでも違和感はなかったかもしれない。

日本最古の温泉記号（群馬県安中市）

この「〒」、当時郵便事業を所管していた逓信省のマークがそのまま地図記号として採用されたわけだが、本家本元の逓信省では当初、「T」と決めていたという。官報で発表までしたらしい。本当なのか。国会図書館で調べてみた。

「自今（T）字形ヲ以テ本省全般ノ徽章トス」

1887年（明治20年）2月8日の官報に載った逓信省の告示だ。徽章は「きしょう」と読む。時の逓信大臣、榎本武揚の名前で発表している。Tは逓信省に引っかけ丁《てい》を模したとも、英字表記の頭文字を取ったともいわれている。

しかし2月19日の官報を見ると、「（T）ハ（〒）ノ誤」と小さな字で書いてある。なんと、わずか11日で変更したのだ。

この間、何があったのか。逓信総合博物館に尋ねてみると、「当時『T』は世界的に料金不足の郵便物に付ける記号だったため変更したという説と、もともと『T』も『〒』も候補で最終的に『〒』に決まったが、告示の時に間違えてしまった、という説があります」（郵政資料部）。博物館によると、「〒」は逓信省の「テ」からきているという。いずれにせよ、ずいぶんなドタバタだ。

日本の地図記号は「お役所」だらけ

日本の地図記号には大きな特徴がある。『地図の遊び方』（新潮社）などの著書がある地図研究家の今尾恵介さんは「海外と比べて、役所関係の記号が圧倒的に多い」と話す。

確かに記号一覧を眺めてみると、森林管理署、気象台、税務署……などなど、「お役所」の記号が多数ある。「海外では市役所でさえ、記号がないところが多い」と今尾さんは指摘する。なぜなのか。

「それぞれの国で地形図の位置づけが違うことに加えて、国の成り立ちの違いも影響しているかもしれませんね」

今尾さんによると、欧米では官製といえども観光地図の色彩が濃いという。例えば英国では「キャンプ場」「ピクニックサイト」「見晴らしのいい場所」「公衆トイレ」を示す記号があり、フランスには「テニスコート」「馬場」などがある。

教会関連施設が目立つのも日本との大きな違い。スウェーデンでは「教会（塔あり）」「教会（塔なし）」「チャペル（塔あり）」「チャペル（塔なし）」があるし、ドイツでは「教会（複数塔）」「教会（単塔）」「教会（三角点あり）」「チャペル」がそれぞれ違う記号だ。

こうした欧米に対して、日本の地図記号に「お役所関係」が多いのは、廃止された記号からもうかがえる。例えばかつて存在していた「電報・電話局」は民営化の際、消滅した。JR発足の際も線路の記号の変更が議論されたが、このときはなじみが深いとしてそのままとなった。

一方で新しく生まれた記号もある。2002年には博物館と図書館、2006年には風車と老人ホームが誕生した。公共性の高さとランドマーク性が決め手となったようだ。

2016年には東京五輪・パラリンピックをにらみ、外国人向けの記号を追加した。その中には郵便局のマークもある。さすがに〒では分かりにくいと、封書の形になった。そもそも〒は民営化に伴い変更されるのではないかとも噂されていたが、民営化では変わらず、五輪が契機となった。温泉マークも議論されたが、現在のマークが併用されるという。

地図の上の小さな記号。こんなところにも「国の形」が凝縮されている。

サッカー日本代表のサムライブルー、ルーツは東大

フレッシュな魅力を見せるサッカー日本代表。そのチームカラーといえば「サムライブルー」でおなじみの青だ。国旗の色を採用する国が多い中で、なぜ赤や白ではなく青なのか。その理由を探っていくと、東京大学にたどり着いた。伝来の歴史や代表メンバーの出身地など、東京とサッカーを巡るあれこれを調べてみた。

1930年、初の日本選抜チームが青を採用

東京・本郷にある日本サッカーミュージアム。地下2階を訪れると、歴代の日本代表ユニホームが迎えてくれた。その中に、ひときわ古い1着があった。現在よりやや薄めの青に日の丸をあしらい、襟は白。1936年（昭和11年）、ベルリン五輪に参加した際のものだという。日本サッカー協会によると、これが現存する最古の代表ユニホームだ。このころから

既に青が採用されていた。

そもそも代表ユニホームはなぜ、青になったのか。協会に聞いた。

「日本の国土を象徴する海と空の青、という説がありますが、後になって理由付けられたものです。正直なところ、文献が残っていないので分かりません」

ただ、興味深い話を聞いた。東京帝国大学（現・東京大学）のユニホームの色が源流との説があるという。どういうことか。まずは代表チームの歴史をひもといてみよう。

１９１７年（大正6年）、東京高等師範学校（現・筑波大学）のサッカーチームが、東京で開かれた第3回極東選手権に出場した。日本を代表するチームが参加した初めての国際大

現存する最古のユニホーム。
1936年、ベルリン五輪で着用した
（日本サッカーミュージアム所蔵）

会だ。当時は現在のように優秀な選手を選抜して代表チームを編成するのではなく、大学など既存のチームが日本代表として出場していた。

後藤健生著『日本サッカー史』（双葉社）によると、このときのユニホームの色はえび茶色だったという。その後は1921年（大正10年）が白黒の縦じま、1923年（大正12年）は白黒の横じまだった。出場権を獲得したチームのユニホームがそのまま採用されたようだ。

単一チームではなく、選抜チームが初めて編成されたのは1930年（昭和5年）、第9回極東選手権から。このときのユニホームが、薄めの青だったという。

1988〜91年は赤いユニホームだった

なぜ青だったのか。後藤氏は「12人の選手を送り込んだ東京帝国大学のユニホームにならったのではないか」と推測する。協会にも確認してみたが、はっきりしたことは分からなかった。

以後、日本代表のユニホームは青が基本となった。この大会で初めて優勝（中国との同位優勝）を飾ったことが影響したのかもしれない。

ちなみに、代表ユニホームには一時期、赤が採用されたことがある。１９８８~91年だ。ちょうど横山謙三監督の時代だ。協会によると、赤は韓国や中国、東南アジアで多く採用されており、別の国と間違えて挨拶に来る人もいたという。

残念ながら、なぜ赤になったかは不明。ただ１９９１年（平成３年）に川淵三郎氏が協会の強化委員長に就任した際、「日の丸が一番映えるのは青」として青のユニホームに戻したという。他国に間違えられたことも影響したようだ。

1990年のユニホームには赤が採用された
（日本サッカーミュージアム所蔵）

東大のブルーはくじ引きで決まった

サムライブルーのルーツともいえる東大のユニホームは、現在も淡い青色が受け継がれている。このライトブルーは東大のスクールカラーでもある。なぜこの色を選んだのか。東大に聞いた。

「実はくじ引きだったんです」

広報担当者によると、1920年（大正9年）に東京帝大と京都帝国大学（現・京都大）のボート部が対抗レースを行った。このとき使ったのがダークブルーとライトブルーのボート。どちらに乗るか、くじで決めたところ、東大がライトブルーとなった。この色が東大運動会の旗の色となり、ひいてはスクールカラーとなった。すべては偶然の産物だったのだ。

ではなぜブルー系の2色から選んだのか。これには明確な理由がある。英国の大学にならったという。オックスフォード大学とケンブリッジ大学だ。両大学ともブルー系をスクールカラーにしている。

日本色彩研究所編『新色名事典』（日本色研事業）によると、両大学の色はそれぞれ「オックスフォードブルー」「ケンブリッジブルー」という名前で呼ばれている。こちらも由来はボートレースだという。

ケンブリッジブルーについては、経緯が伝わっている。1836年に行われた両大学対抗のレースで、ケンブリッジの船が船首に付ける旗を忘れ、急きょライトブルーのスカーフで間に合わせたという。このときの色がその後も使われるようになり、ケンブリッジブルーの名がついた。

実はこの色、それまでは「イートンカラー」と呼ばれていた。英国のパブリックスクール、イートン校の色として15世紀から使われてきた。サムライブルーの源流は、なんとイートン校にまでさかのぼることができるのだ。オックスフォードブルーにも同様の説がある。こちらはケンブリッジより少し早く、1829年に初めて使われたようだ。

ちなみに東大のサッカー部は正式名称を「東京大学運動会ア式蹴球部」という。ア式とは「アソシエーション・フットボール（Association Football）」の「ア」を略したもの。同時期にアメリカンフットボールやラグビーフットボールが伝わったことで、混同を避けるため「ア式」とした。早稲田大学のサッカー部は「ア式蹴球部」、アメフト部は「米式蹴球部」だったという。早大では現在もこの名前を使っている。

そもそも「サッカー」という呼び方は、この「アソシエーション・フットボール」から来ている。1863年、英国でフットボールのルールを共通化しようと協会が誕生した。協会、つまり「アソシエーション」が定めたルールに基づくフットボールを「アソシエーション・フットボール」と呼んだのだ。だが Association Football は単語として長い。そこで Association を「soc」と短くして、そこに「er」を付けた造語が「soccer」だったという。「安室奈美恵のファン」を「アムラー」と呼ぶようなものだろうか……。

東大ア式蹴球部は日本で最も歴史のある大学サッカー部だ。設立は1918年（大正7年）。後に日本サッカー協会会長となる野津謙氏が創設した。日本サッカー界の重鎮だった岡野俊一郎氏も出身者だ。

日本にサッカーが伝わったのは1873年（明治6年）。日本サッカー協会によると、英国海軍のダグラス少佐が東京・築地の海軍兵学寮（後の海軍兵学校）で日本海軍の軍人たちに教えたのが最初だといわれる。サッカー伝来の地は築地だった。

当時の築地は、海軍の一大拠点となっていた。明治初期には海軍省が置かれ、海軍大学校、海軍兵学校、海軍経理学校など数々の施設があった。現在でいえば、ちょうど築地市場や国立がん研究センターがある一帯だ。がん研究センター内には「海軍兵学寮跡」と書かれた記念碑がある。

銀座を走る「みゆき通り」も、海軍にちなむ名前だ。明治天皇が皇居から海軍兵学校に向かう行幸《みゆき》の際、通った道だという。がん研究センターの間近まで延びている。

ではなぜ、築地に海軍なのか。そこで登場するのが勝海舟。築地にはかつて、勝海舟が頭取を務めた軍艦操練所があったのだ。このことから築地は海軍発祥の地、と呼ばれることもある。

代表選手の出身地、静岡がトップから陥落

さて日本代表。過去にさかのぼってメンバーの出身地を見てみると、明確な傾向があった。回を重ねるごとに、全国に分散しているのだ。

日本が初めてW杯に出場した1998年は、代表22人のうち9人が静岡県出身だった。次が群馬県の2人、あとはすべて1人ずつだった。

2002年になると、静岡が6人に減り、茨城と神奈川が2人で続いた。2018年のメンバーでは、ついに静岡がトップの座を明け渡した。最も多いのは兵庫で3人おり、静岡は2人となった。2019年6月時点ではついに1人まで減り、東京、神奈川、埼玉の4人に次ぐ4位まで転落した。静岡一極集中が薄れ、広い地域から選ばれるようになったのは、それだけ日本の「サッカー力」が高まったということだろう。

ちなみに東京はというと、1998年から2019年アジア杯までの累計で9人と、出身地別ランキングにすると3位と

サッカー日本代表、出身地別ランキング

		1998	2002	2006	2010	2014	2018	2019	計
1	静岡	9	6	3	4	2	2	1	**27**
2	神奈川	1	2	2	2	1	1	4	**13**
3	大阪		1	2	1	2	2	1	**9**
3	兵庫		1	1	1	2	3	1	**9**
3	鹿児島		1	2	2	2	1	1	**9**
3	東京			1	1	1	2	4	**9**
3	埼玉			1	2	1	1	4	**9**
8	千葉	1		1	2	1	1		**6**
8	愛媛		1	1	1	1	1	1	**6**
10	滋賀	1	1	1			1	1	**5**
10	広島	1	1			1	1	1	**5**

なった。

　ではスタジアムはどうか。サッカー専用のスタジアムは国内ではカシマサッカースタジアム（茨城県鹿嶋市）や埼玉スタジアム２００２（さいたま市）などがあるが、東京都内には約７０００人収容の味の素フィールド西が丘（北区）１カ所のみ。サッカーの面では、東京はまだまだ発展途上ということだろうか。

慶応も女子学院も発祥は築地です

市場の移転で注目を集めた東京・築地。魚の町として知られていたが、実は古くから外国と密接な関係があり、横浜や神戸と並ぶ文明開化の街だった。明治時代に近代化の最前線となった築地を歩いた。

指紋で個人識別、築地の外国人医師が実証

地下鉄築地駅から隅田川に向かって進んでいくと、ひときわ高いツインタワーが見えてくる。聖路加タワーと聖路加レジデンスだ。47階建てと38階建てのタワーを見上げながら歩いていたら、植え込みの中に石碑を見つけた。文字がはげていて読みにくいが、「指紋研究発祥の地」と書いてある。犯罪捜査や個人認証に使う指紋のことだろうか。碑文を読んでみた。

「彼はわが国で行なわれていた指印の習慣に興味をもち、たまたま発掘された土器に印象されていた古代人の指紋を発見し、これにヒントを得てここではじめて科学的な指紋の研究を行なった」

「彼」とはヘンリー・フォールズ。英スコットランドからやってきた医師だ。1880年（明治13年）、彼が英科学雑誌「ネイチャー」に掲載した論文は、科学的指紋法に関する世界最初の論文となった。フォールズはこの論文を築地で書いた。日本のこの地で、日本の習慣に興味を持った人物が、現在につながる指紋識別法を提唱していたのだ。

米国の動物学者、エドワード・モースが大森貝

「指紋研究発祥の地」の石碑

塚から古代の土器を発掘したのが1877年（明治10年）のこと。フォールズが来日したのはその3年前の1874年（明治7年）だった。土器の指紋に着目したフォールズは自身の診療所「ツキジホスピタル」を訪れる人々の指紋を集め、識別方法を研究して論文にまとめた。

清水正雄著『東京はじめて物語』（六花社）によると、フォールズは指紋の有効性を身をもって証明したらしい。ある日フォールズの自宅に泥棒が入り、塗りたての壁に残っていた指紋から犯人を割り出したというのだ。今や世界中で当たり前となった指紋による個人識別の源流が日本にあったとは感慨深い。

ちなみに聖路加の正式な読み方は「せいるか」。一般には「せいろか」の方が通りがいいが、キリストの使徒で医者でもあった聖ルカにちなんだ。聖路加国際病院の横にある道は「聖ルカ通り」。関連の研究施設には聖ルカ・ライフサイエンス研究所という名前もある。

日本最初のサンタクロースは殿様姿だった

聖路加国際病院の周辺を歩いていると、指紋の研究以外にも「発祥の地」を示す石碑がやたらと目につく。石碑の場所を記した「築地江戸前散歩」という案内地図もあちこちに置かれていた。

なかでも多いのが、学校の発祥地を示す石碑だ。女子学院、明治学院、立教学院、雙葉《ふたば》学園……。慶応義塾もここで生まれたという。清水正雄著『東京築地居留地百話』（冬青社）によると、築地に開校した学校は13校もあった。かつて築地は学業の地だったのだ。現在のイメージとは大きく異なるが、なぜこれほど多くの学校がここで誕生したのか。中央区に聞いてみた。

「築地には明治時代、外国人居留地が置かれ、宣教師や教師、医師などの知識人が多く住んでいました。彼らがキリスト教の教えに基づいたミッションスクールを作ったのです」

1858年（安政5年）に米国など5カ国と締結した修好通商条約によって、横浜や函館、神戸などの開港が決まった。このとき江戸にも治外法権を認めた居留地を設置することになったという。維新の動乱で時期は遅れたものの、1868年（明治元年）、築地（現・明石町）に居留地ができた。もともとこの界隈は武家屋敷が立ち並ぶエリアで、広大な土地を提供しやすかった側面もある。

1870年（明治3年）、居留地内に最初のミッションスクールができた。A6番女学校、のちの女子学院だ。実はこの女学校を引き継いだ原胤昭《たねあき》氏は、日本で初めてサンタクロースに扮した人物だという。

時は1874年（明治7年）。築地の居留地にあった東京第一長老教会でクリスマス会が開かれた。日本人が主催した初めてのクリスマス会といわれている。そこに登場したのが原氏扮するサンタクロースだ。なんとそのサンタ、大小の刀を差し、カツラをかぶった殿様姿だったという。（『クリスマスおもしろ事典』（日本基督教団出版局））。築地は日本のサンタ誕生の地でもあったのだ。

「居留地通り」の表示

その後も青山学院のルーツのひとつである海岸女学校や関東学院の前身である東京中学院、立教学院などが次々と開校した。築地は日本のミッションスクールの原点となった。現在、この辺りは「居留地通り」と呼ばれている。

慶応と解体新書も築地から

一方、慶応義塾は事情が異なる。居留地ができる前、江戸時代末期の1858年（安政5年）に福沢諭吉が開いた蘭学塾が源流だ。福沢諭吉は当時満25歳だった。中津藩の命で当時、築地鉄砲洲にあった藩の中屋敷内に開塾した。1867年（慶応3年）に現在の浜松町に移り、翌年に慶応義塾と命名。三田に移ったのは1871年（明治4年）のことだ。

聖路加国際病院の近くに「慶應義塾発祥の地」と題した記念碑がある。書物を模した石碑の横にはさらに大きな書物の碑が建つ。こちらは人体の絵とともに解体新書の文字が見える。実はこの中津藩中屋敷、日本最初の本格的な解剖学の書物、解体新書が生まれた場所でもあった。杉田玄白とともに解体新書を記した前野良沢は中津藩の藩医だった。ちなみに2つの石碑はいずれも同じ人物が設計した。帝国劇場などを設計した建築家、谷口吉郎だ。

江戸時代に入るまで、築地周辺は海の底だった。１６５７年（明暦３年）の明暦の大火によって、浅草にあった本願寺が焼失。その移転先として埋め立てられたのが土地の歴史の始まりだ。広辞苑によると、築地とは「沼や海を埋めたてて築いた土地」。前にも書いたが、そもそも築地という言葉自体が埋め立て地を意味しているのだ。

築地には本願寺のほか、多くの武家屋敷が移ってきた。忠臣蔵の浅野内匠頭もその一人。聖路加国際病院近くに記念碑がある。

聖路加国際病院から北西に歩いていくと、中央区役所がある。江戸時代、この場所には土佐藩邸の中屋敷があった。１８５６年（安政３

「慶應義塾発祥の地」と「蘭学の泉はここに」の記念碑が並ぶ

年）、坂本龍馬が2回目の江戸修行を過ごした場所でもある。当時通った千葉道場は、日本橋堀留町か八重洲にあったとされる。築地界隈も散策していたのだろうか。

龍馬といえば西洋の靴を履いていたことで知られるが、輸入品だった靴を国産化した場所も築地だった。入船橋交差点のあたりに、「靴業発祥の地」との記念碑がある。

その龍馬が師と仰ぐ勝海舟は1857年（安政4年）、築地に軍艦教授所（のちに軍艦操練所と改名）を開いた。現在の築地6丁目のあたりで、海軍発祥のルーツでもある。

海軍関係の施設が点在していた関係で、築地は「運動会発祥の地」にもなっている。前出の『東京はじめて物語』によると、1874年（明治7年）3月、兵学寮の生徒による「競闘遊戯会」が行われた。種目は徒競走、高跳び、球投げ、二人三脚、豚追いなど。豚追いとは油を塗った豚を追いかけ、その尻尾を握る競争だったという。さぞかし盛り上がったに違いない。海軍関連施設はその後広島の江田島など各地に移転し、関東大震災などを経て、跡地は築地市場や国立がん研究センターとして生まれ変わった。

築地の名は、印刷に使う活字でも有名だ。この地で生まれた「築地明朝体」は、新聞などで使う明朝体の原点でもある。日本で初めて金属の活字を作ったのは長崎の本木昌造。活字の父、日本のグーテンベルグともいわれる人物だ。この本木昌造の弟子である平野富二が明治時代に作ったのが、築地明朝と呼ばれる活字体だった。複合ビル「銀座松竹スクエア」の近くにひっそりと置かれた「活字発祥の碑」がその功績をたたえている。

　築地ではこのほか、点字や電信なども生まれた。それほど広くはないエリアにこれだけ「発祥の地」が集積している場所は、横浜を除けばほとんどない。発祥の地研究家の故・小川雅樹さんが10年以上かけて調べたところでは、中央区は東京で最も発祥の地が多いという。

活字発祥の碑

１６００カ所以上！　日本人は発祥の地がお好き

「〇〇発祥の地」は全国各地にある。いったいどのくらいあるのだろう。小川さんの生前の調査では、約１６５０件あったという。

小川さんの情報などをもとに編集した『日本全国発祥の地事典』（日外アソシエーツ）によると、圧倒的に多いのが東京都で２２５件。神奈川県（95）、北海道（91）、京都府（59）、大阪府（50）と続く。

分野別に見ると、東京は教育関連が72件と突出して多い。北海道は農林、神奈川は電気やガスなどインフラ関連、京都は芸術・文化が目立つ。地域の特徴が垣間見える。

小川さんが調べた発祥の地リストを眺めていると実に面白い。同じテーマの「発祥の地」が複数あったり、「〇〇としては」など制約があったり。「名乗った者勝ち」な側面も否めない。

ここでクイズ。次の「発祥の地」の記念碑は、どこにあるでしょう？

①日本　②納豆　③牛乳

まずは大きく出た「日本発祥の地」。なんと2カ所にある。福岡県朝倉市と鹿児島県南さつま市だ。朝倉市の根拠は邪馬台国。一方の南さつま市は古事記にあるという。そういわれると、説得力がある。

次に納豆。水戸市と答える人もいるかもしれないがさにあらず。焼きそばで知られる秋田県横手市だ。後三年の役（1083〜87年）の際、源義家が兵糧にと持ち歩いた煮豆が糸を引き、食べたらおいしかったという伝説に由来している。

牛乳はというと、静岡県下田市。1858年

発祥の地が多い都道府県は

1	東京	225
2	神奈川	95
3	北海道	91
4	京都	59
5	大阪	50
6	千葉	49
7	長野	39
8	兵庫	38
8	愛知	38
10	静岡	37

こんな「発祥の地」も

名称	場所
日本アニメ発祥の地	東京都練馬区
サザエさん発案の地	福岡市
温泉記号発祥の地	群馬県安中市
八時間労働発祥の地	神戸市中央区
日本で最初の銀座	京都市伏見区
日本のクリスマス発祥の地	山口市
納豆発祥の地	秋田県横手市
牛乳発祥の地	静岡県下田市

(安政5年)、この地に駐在していた初代駐日米国総領事ハリスが病気になったとき、近くの農家に頼んで牛乳を買ったことが始まりだという。それまでも牛乳を飲むことはあったが、売買されたのが初めて、ということのようだ。

ちなみに酪農関連の「発祥の地」は数多く、北海道豊富町、札幌市、群馬県前橋市、同下仁田町、千葉県南房総市、愛知県半田市にも記念碑がある。飛鳥時代に奈良で牛乳が飲まれたとの説もある。

調べ出すと止まらない「○○発祥の地」。あなたの地元でも何かが生まれているかもしれない。

同じテーマで複数ある「発祥の地」

名称	場所
日本発祥の地	福岡県朝倉市
日本発祥の地	鹿児島県南さつま市
明治維新発祥地	奈良県五條市
維新発祥の地	山口県下関市
肉じゃが発祥の地	京都府舞鶴市
肉じゃが発祥の地	広島県呉市
道の駅発祥の地豊栄	新潟市
道の駅発祥の駅	島根県雲南市
道の駅発祥の駅	山口県阿武町
「月の沙漠」発祥の地	千葉県御宿町
「月の沙漠」発祥の地	静岡県焼津市

参考文献

第1章

産業計画会議第7次勧告「東京湾2億坪埋め立てについての勧告」
加納久朗『新しい首都建設』（時事通信社）
丹下健三『建築と都市』（世界文化社）
法政大学大学院エコ地域デザイン研究所編『Future Vision の系譜』（鹿島出版会）
井上正良「東京湾新首都新島計画」（日本宅地開発協会編『宅地開発　1990年11月号』）
新世紀プロジェクト開発研究会編『建設業の21世紀巨大プロジェクト』（日本能率協会）
東京都港湾局編『東京港史』

第2章

間組百年史編纂委員会編『間組百年史』
大阪地下街編『50周年を迎えて　大阪地下街株式会社50年史』
中村建治『メトロ誕生』交通新聞社
高島屋150年史編纂委員会編『高島屋百五十年史』
浅田次郎『地下鉄に乗って』（講談社）
帝都高速度交通営団編『東京地下鉄道東西線建設史』

第3章

小口達也『東京23区ランキング　データ編』（ダイヤモンド・ビッグ）
池田利道『23区格差』（中央公論新社）
日本地名研究所編『川崎地名辞典』

第4章

三菱地所編『THE丸の内　100年の歴史とガイド』
岡本哲志『「丸の内」の歴史　丸の内スタイルの誕生とその変遷』（ランダムハウス講談社）
森川嘉一郎『趣都の誕生　萌える都市アキハバラ』（幻冬舎）

第5章

立川健治『文明開化に馬券は舞う』（世織書房）
佐野正幸『昭和プロ野球を彩った『球場』物語』（宝島社）

第6章

今尾恵介『地図の遊び方』（新潮社）
後藤健生『日本サッカー史』（双葉社）
日本色彩研究所編『新色名事典』（日本色研事業）
清水正雄『東京はじめて物語』（六花社）
清水正雄『東京築地居留地百話』（冬青社）

『クリスマスおもしろ事典』（日本基督教団出版局）
『日本全国発祥の地事典』（日外アソシエーツ）

河尻　定　かわじり・さだむ

日本経済新聞社編集局生活情報部次長。１９７２年、広島市生まれ。95年、慶応義塾大学総合政策学部卒、同年、日本経済新聞社入社。編集局商品部で食品担当、同生活情報部で「日経マガジン」などを担当。２０１１年より日経電子版で「東京ふしぎ探検隊」を連載中。著書に日経プレミアシリーズ『鉄道ふしぎ探検隊』などがある。

日経プレミアシリーズ｜405

東京《とうきょう》のナゾ研究《けんきゅう》所《じょ》

二〇一九年七月八日　一刷

著者　河尻　定

発行者　金子　豊

発行所　日本経済新聞出版社
https://www.nikkeibook.com/
東京都千代田区大手町一―三―七　〒一〇〇―八〇六六
電話（〇三）三二七〇―〇二五一（代）

装幀　ベターデイズ

組版　マーリンクレイン

印刷・製本　凸版印刷株式会社

ISBN 978-4-532-26405-5　Printed in Japan

日経プレミアシリーズ 208

東京ふしぎ探検隊

河尻 定

東京には「ふしぎ」があふれる。銀座の一等地には住所のない場所があり、なぜか国道1号は第二京浜で、神田には1丁目がない町がある……。なぜなのか。大都会のミステリーの核心に迫ると、日本の意外な歴史の真相にたどり着く。日経電子版の大人気連載企画、待望の書籍化。

日経プレミアシリーズ 366

鉄道ふしぎ探検隊

河尻 定

「東海道新幹線、なぜ品川で折り返せない?」「池袋駅、東が西武で、西、東武なわけ」「快速、急行、快速急行——最も速いのは?」……。鉄道にまつわる、数々の「ふしぎ」。日経記者が深く追究すると、そこには意外な真実が。知れば誰かに話したくなる、面白ネタが満載。本書を読めば、電車を、駅を見る目がきっと変わります。

日経プレミアシリーズ 330

男のチャーハン道

土屋 敦

パラパラのチャーハンを作れないのは「ダメ人間」である——。そして著者の探究は始まった。火力はどうする、卵コーティングは正しいのか、油の量は、鍋は、具材は……。苦節数年、誰もが家庭で「パラパラ」にするカギが、ある身近な食材にあることを突き止める。一品で一冊、世界で一番長いレシピであなたも絶品チャーハン、作りませんか。

日経プレミアシリーズ 373

かかわると面倒くさい人

榎本博明

シンプルな話を曲解してこじらせる、持ち上げないとすねる、みんなと反対の意見を展開せずにはいられない、どうでもいいことにこだわり話が進まない、「私なんか」と言いつつ内心フォローされたがっている……なぜあの人は他人を疲れさせるのか？　職場からご近所、親戚関係まで、社会に蔓延する「面倒くさい人」のメカニズムを心理学的見地から徹底的に解剖する。

日経プレミアシリーズ 376

テレ東のつくり方

大久保直和

独自路線は、報道番組だって同じです！　ガイア、カンブリア、ジパング……おカネも人手も足りなかった逆境のテレ東・報道局は、なぜ名物番組を生み出せたのか。「番組タイトルをめぐる果てしなき闘い」「ラテ欄をマーケティングする」など、制作の舞台裏、奮闘の軌跡を、3番組すべてにかかわった著者が打ち明けます。

日経プレミアシリーズ 378

AI 2045

日本経済新聞社　編

空気を読まずに人事評価、脳の働きすべて再現可能、AIを使いこなせない弁護士は失格――。AIは人類の能力・知性を2045年にも追い抜くと予測されている。人類にとってどういう意味があるのか、人、企業、国家の未来はどうなるのか。脅威を感じながらも、AIに学び、共存への道を探ろうとしている人々の姿を描く。

日経プレミアシリーズ 393

日本の「中国人」社会

中島 恵

日本の中に、「小さな中国社会」ができていた！ 住民の大半が中国人の団地、人気殺到の中華学校、あえて帰化しないビジネス上の理由、グルメ中国人に不評な人気中華料理店――。70万人時代に突入した日本に住む中国人の日常に潜入したルポルタージュ。

日経プレミアシリーズ 392

白秋期

五木寛之

百歳人生を生きる私たちにとって、50代・60代・70代の「白秋期」は、個人がもっとも自分らしく生きることのできる人生の収穫期（ハーベストタイム）である――お金や仕事、健康との向き合い方、孤独との付き合い方など、自らのこれまでの実感を込めて贈る、人生後半の歩き方のヒント。

日経プレミアシリーズ 398

地銀波乱

日本経済新聞社 編

2018年に発覚し世間を騒がしたスルガ銀行の不正融資――しかし、それは氷山の一角に過ぎない。全国にある106の地方銀行の多くは連続した赤字に苦しんでいる。暴走するアパートローン、「不良債券」という名の爆弾、人材の枯渇、モラトリアム法の負の遺産……行き詰まる地銀に活路はあるのか？ 日経記者が総力を挙げて取材する。